AF434072

Dialogando face a face com DEUS

ROSSANA OLIVEIRA

Dialogando Face a Face com Deus
Rossana Oliveira, 2019

Edição e Revisão: **Suellen de Araujo Duarte Costa**
Capa: **Marcus Vinicius Goes**
Diagramação e Projeto Gráfico: **Marcus Goes**

Organização: **Cevi Produções** / CNPJ 07.856.521/0001-94
ceviproducoes@gmail.com
Coordenação: **Nilce Sousa**

O48d Oliveira, Rossana
        Dialogando face a face com Deus / Rossana Oliveira; coordenação editorial Nilce Sousa; edição, revisão, revisão final Suellen de Araújo Duarte Costa; capa, diagramação e projeto gráfico Marcus Vinícius Pereira de Alcântara Goes; prefácio Cristina Santos. – 1. ed. – Caldas Novas (GO) : CEVI, 2019.
        136 p.

        ISBN: 978-85-5705-051-8
        Inclui bibliografia

        1. Pastoras – Narrativas pessoais. 2. Deus. 3. Vida espiritual. 4. Testemunhos. 5. Revelações pessoais. I. Sousa, Nilce. II. Título.

                                                                        CDU: 248

Catalogação na publicação por: Onélia Silva Guimarães CRB-14/071

Contato dos Autores:
E-mail: rossanacristinao@gmail.com
Facebook: Rossana Cristina Oliveira
Instagram: @rossanacristinaoliveira

PREFÁCIO

Rossana é uma vencedora, uma adoradora incansável na sua busca pela face de Deus e que mesmo em momentos em que viu sua alma sendo corroída pela dor e desesperança, conseguiu levantar-se na força que Deus dá.

Esse livro é um testemunho de esperança, de um Deus que *"dá força ao cansado e multiplica as forças do que não tem nenhum vigor"* (Isaías 40:29). Fala de uma vida comum, com os erros e acertos aos quais cada um nós está sujeito, mas ao mesmo tempo é um convite ao extraordinário, pois mostra uma trajetória de intensidade e um mergulhar constante nos mistérios do Senhor.

Que assim como eu, você seja encorajado a entregar-se mais a Cristo. Que as experiências dessa mulher incrível possam conduzi-lo a sair da superficialidade de uma vida cristã estática e ressequida e que em seu espírito você seja despertado a não viver mais um dia sequer sem dialogar face a face com Deus e ser mudado à Sua imagem.

Pra. Cristina Santos

Igreja Batista Vida Nova - Uberlândia, MG

DEDICATÓRIA

Dedico essa obra, que é de Deus, primeiramente a Jesus, porque como está escrito em Sua Palavra: *"Porque dele e por ele, e para ele, são todas as coisas; glória, pois, a ele eternamente. Amém." (Romanos 11:36).*

O faço por reconhecer que para Ele convergem todas as coisas e somente Ele é a fonte de todo saber e inspiração: *"Ó profundidade das riquezas, tanto da sabedoria, como da ciência de Deus! Quão insondáveis são os seus juízos, e quão inescrutáveis os seus caminhos!" (Romanos 11:33-35).*

Também dedico a meus queridos pais Warner e Dinda que se escolheram e escolheram me amar e continuar sendo apoio em minha vida até os dias de hoje. Às minhas pedras preciosas, meus filhos Bruno Yudi e Naira Emy, que têm sido minha alegria e herança do Senhor. Ao filho de meu filho e primeiro neto, Alexandre, gerado e zelado por Deus através de minha nora Thalizia, minha riqueza.

Dedico também ao meu ex-marido Ernesto que foi instrumento de Deus para que eu tivesse maior discernimento entre amar e idolatrar.

AGRADECIMENTOS

Agradeço a meu Deus, Pai e Amigo que controla meu coração, emoções e meus sentimentos. Ao amado Jesus, meu único Senhor e Salvador e Mestre dos mestres e também ao doce Espírito Santo, Consolador e capaz de me convencer do pecado, da justiça e do juízo.

Aos pastores Vanderley e Cristina, por terem estado ao meu lado durante toda minha caminhada, até atingir a maturidade cristã, sempre baseada em princípios da Palavra de Deus. Especialmente agradeço à Cris, pela amizade, dedicação e carinho nos momentos mais difíceis, por haver sido sempre boca do Senhor e contribuído para que pudesse buscar e alcançar o equilíbrio.

À Claudia Maria, uma missionária comprometida como "ser Discípula de Jesus" e por me haver dado o privilégio de testemunhar na prática o que é viver totalmente da fé.

Às amigas Luciane, Ana Paula e Pra. Jéssica, com as quais aprendo sobre a possibilidade de se obter resiliência na cruz de Cristo.

À JOCUM- Almirante Tamandaré, nas pessoas do Pr. Marcos Borges (Coty) e Cristina Bettini, pelos conhecimentos e revelações a respeito de libertação, cura interior e aconselhamento, conceitos que fizeram e fazem parte do processo de transformação de minha vida conduzida pelo Espírito Santo.

À MCM (Missão Cristã Mundial) na pessoa do Pr. José Rodrigues e família, lugar onde conheci a Pra. Nilce, que tem me ensinado de fato sobre caráter e missões, e me mostrando a necessidade do "IDE" em Deus.

Às amigas intercessoras Dalva, Josebete, Dinamar, Eunice e tantas outras que encheram o incensário de Deus com orações diante do trono, pois estou certa que sem oração eu não estaria aqui para cumprir o "PROPÓSITO de DEUS", do qual esse livro faz parte.

Louvo ao Senhor, por meio das intercessões, me advertirem das ciladas do Inimigo que veio de fato para matar, roubar e destruir, como tentou tantas vezes, sem sucesso, em minha trajetória e mostrar-me diariamente que Ele veio para me conceder vida e vida em abundância.

Enfim, a todos os irmãos da Editora Cevi, especialmente Pra Nilce, Suellen e Marcus Vinicius que têm sido fiéis cooperadores para que esse livro saia e seja instrumento para alcance de muitas vidas para Cristo.

sumário

INTRODUÇÃO

Este é um livro que Deus me deu há bastante tempo e nele compartilho um pouco do meu testemunho e de como Deus foi me ensinando algumas verdades ao longo do tempo.

Meu objetivo é que ao ler a minha história, você pense em sua própria trajetória de vida e de como Deus usou e usa cada acontecimento para ensinar-nos. Deus quer que saibamos que nenhuma de nossas experiências é perdida diante Dele e nada foge ao seu controle.

Além do mais, minha história é um exemplo de que ainda que não estejamos conscientes de Sua presença, Ele está lá, nos momentos de maior dor, sempre presente, não apenas nos observando, mas consolando e compartilhando da nossa dor.

Espero que você tenha uma boa leitura e que seja conduzido pelo Espírito Santo a ver sua história sob uma nova perspectiva e que se por acaso se encontra em um momento de sua história para o qual não vê solução, ou mesmo sentido, você possa ouvi-Lo quando estiver dialogando face a face com Deus.

CAPÍTULO 01

COMO TUDO COMEÇOU

A infância

Minha história começa como a sua, lá em Salmos 139:14-16, pois antes que houvesse vida em meu ser Ele já havia escrito a meu respeito. Nasci em 03/03/1962 na cidade de Bela Vista do Paraíso- PR, em um parto normal muito doloroso. E com poucos meses mudamos para uma pequena e abençoada cidade chamada Miraselva.

Em Miraselva fui crescendo e fiquei até a 8ª série. Fui uma criança birrenta, muito irrequieta, impulsiva e muito alegre. Mas me achava diferente e não me conformava com aquela vida rotineira, eu queria algo mais, mas obviamente na época não sabia o quê.

Sou a primeira e única mulher entre os meus três irmãos, sendo que também meu irmão Wanderson e sua família hoje também são cristãos protestantes. Viemos de famílias Católica Apostólica Romana praticantes e eu frequentava as celebrações constantemente com minha mãe.

Sobre esse assunto, lembro-me de um episódio que

marcou minha vida espiritual: em uma das novenas, acontecia algo chamado "ladainha", uma parte da celebração onde eram falados vários nomes de pessoas e tínhamos que responder.

Mesmo pequena eu entendi que aquelas pessoas pareciam funcionar como uma espécie de intermediárias para levar nossas orações em pedidos à Deus. Por isso, com meu temperamento sanguíneo e dominante fui logo dizendo a minha mãe: "mãe eu não acredito que eu tenha que pedir para tantas pessoas algo a Deus".

Ela logo me repreendeu e disse-me "filha, isso é pecado, não fale assim". No entanto, eu guardei aquilo no meu coração e passei a não responder mais àquelas rezas.

Desde a infância eu sonhava ser médica, para poder aliviar os sofrimentos de muitas pessoas e também para trazer ao mundo muitos bebês. Então, aos 14 anos meus pais decidiram que eu retornaria a minha cidade natal, e moraria com minha vó materna Leontina e tios, para fazer o colegial e preparar-me para a tão sonhada Universidade.

O casamento e as mudanças

Assim, eu fui morar com minha avó e dei prosseguimento aos meus estudos. Ali também, aos dezessete anos, após onze meses de relacionamento e recém-formada no colegial e magistério, me casei com um jovem nove anos mais velho que eu.

Meu marido tinha vinte e seis anos e já era formado há três anos em Medicina. Fazia parte de nossos planos construir nossa vida nos arredores de onde crescemos, por isso com apenas 14 dias de casados, saímos com nossa mudança para Apucarana-PR.

Mesmo casada, a continuidade em meus estudos era uma prioridade para nós. Entretanto, no ano de 1981, ficamos vivendo há quilômetros de distância um do outro. Ele em São Paulo capital e eu no Paraná.

Mas, toda aquela situação era desgastante e depois de muitas experiências e frustações eu resolvi me mudar para São Paulo e logo ingressei na Universidade de Mogi das Cruzes para cursar Odontologia, enquanto ele cursava Mestrado na Escola Paulista De Medicina.

Como os recursos financeiros foram insuficientes me vi obrigada a recorrer aos meus pais e pedir ajuda. Também devido a problemas psicológicos e físicos tive mais um aborto durante meu curso. Com problemas no casamento decidi mudar-me para Mogi até finalizar o curso e assim via quinzenalmente meu marido.

Ele estudando e trabalhando e em busca de novas oportunidades, foi á Uberlândia prestar Concurso na Universidade Federal e Uberlândia (UFU), onde foi admitido e trabalha até o dia de hoje.

Na época pensei em ficar em São Paulo onde via mais oportunidades para minha vida profissional, mas com relutância o acompanhei e fixamos residência em Uberlândia-MG. Ali, mesmo já sendo formada me submeti a matricular-me novamente no curso de Odontologia, mas poucos meses depois tive que interromper os estudos novamente, pois estava grávida e se tratava de uma gestação de risco.

O sonho de ser mãe

Meu histórico nessa área não era bom, já havia enfrentado dois abortos e estava sob palavras desencorajadoras de médicos e exames que não me traziam qualquer esperança de um dia ser mãe.

No entanto, mesmo sem que eu o conhecesse, Deus tinha um plano para minha família e no dia 10 de fevereiro de 1987 eu receberia em meus braços meu primeiro milagre chamado Bruno Yudi.

A gestação não foi nada fácil, pois além da fragilidade da minha saúde, estávamos enfrentando problemas financeiros. Na época, devido ao chamado Plano Collor e de algumas dívidas que contraímos após a minha formatura, estávamos com as finanças bastante comprometidas, o que me fez ter de trabalhar no finalzinho para ajudar no enxoval do bebê.

Quando nosso filho estava com 10 meses fui finalmente pensar na minha vida profissional, mas aliando a poder ser mãe, que sempre fora meu sonho. Eu pensava que tudo estava resolvido, mas então os confrontos e conflitos internos vieram, pois queria exercer o papel da melhor mãe do mundo, começar a minha vida profissional e entender um casamento que já vinha com desgastes profundos.

Queria colocar tudo nos eixos e conseguir ter a tão sonhada vida em família. Mas o fato é que nada disso seria possível, por um detalhe muito importante: eu estava espiritualmente morta. Sempre tentei ser ética e moralmente correta, mas fracassei pois vivia pela cultura secularizada e mesmo sem perceber materialista.

No meio dessa crise toda, em que eu não conseguia entender bem quem eu era, muito menos como superar tudo aquilo, eu comecei a perguntar para Deus: Se eu morrer nesse momento, vou para onde? O que irá acontecer comigo? Minha vida foi produtiva com objetivos e alegria para Ti? Nesse momento me dei conta que era analfabeta nas coisas de Deus.

CAPÍTULO 02

ODONTOLOGIA, UMA ESTRATÉGIA DE DEUS

Hoje, com mais discernimento, vejo que Deus, já em 1989, começava a querer me mostrar um Novo e Vivo Caminho. Pois, o meu desejo de ser médica foi sendo aos poucos substituído, até mesmo por forças das circunstâncias. No entanto, permaneciam inquietações e questionamentos em relação a minha profissão.

Eu queria ser uma cirurgiã dentista que realmente investisse na saúde das pessoas, não só no sentido de tratar suas doenças, por isso, fui em busca de um curso inovador na cidade de Uberaba- MG e lá na Associação Regional de Odontologia vim a conhecer aquela que se tornou minha amiga, irmã e pastora por mais de 30 anos, para mim simplesmente Cris.

Foi por nossos sonhos conjugados em relação a Odontologia que me aproximei dela e de seu marido, o Vanderley. Ele era um servo de Deus genuíno, um evangelista, por isso prontamente me convidou participar de um culto na Igreja Metodista do Brasil.

Eu, que tinha uma verdadeira aversão por "crentes"

dei logo um jeito de recusar o convite, alegando que tinha muitos pacientes naquele dia e que infelizmente não poderia comparecer.

Tudo aconteceu quando estava no consultório odontológico do Dr. Vanderley aguardando sua esposa Dra. Cristina para tratarmos de alguns assuntos. Enquanto aguardava ele me perguntou qual era minha religião, eu logo respondi que era Católica Apostólica Romana "não praticante".

Então, ele aquiesceu com a cabeça e me perguntou onde eu congregava. Espantada, logo perguntei o que era "congregar", até que ele reformulou e me perguntou onde nós nos reuníamos.

Eu obviamente respondi que em nenhum lugar e ele me fez o convite para ouvir uma Palavra de Deus onde ele congregava. Eu tinha muitos pacientes para serem atendidos naquele dia até tarde da noite, por isso agradeci o convite e fui embora para meu consultório.

O dia foi passando e no final das contas eu não atendi nenhum paciente, os que não desmarcaram também não compareceram. Eu não sei explicar bem, mas, ao redor de 19:30h, me vi há dois quarteirões dessa igreja, onde entrei indignada e no final lá estava eu no altar, pedindo para Jesus entrar no meu coração.

Parece ilógico, mas a verdade é que aquele servo de Deus de pequena estatura física, era um gigante espiritual e foi um vaso de barro cheio do poder de Deus para minha vida naquele momento, trazendo-me palavras que foram fazendo com que eu fizesse um balanço de minha vida e percebia que estava num charco de lamaçal.

A semente entre os espinhos

Eu realmente queria caminhar com Deus, e creio que aquela entrega foi genuína, mas ainda era algo muito confuso para mim e as coisas iam de mal a pior. Eu tinha a impressão que corria, corria e corria e não chegava a lugar algum. Estava emocionalmente muito ferida e me via sozinha sem saber onde ir.

Eu estava tal qual aquela terra espinhosa revelada pela Palavra de Deus em Marcos 4:7 *"E outra caiu entre espinhos e, crescendo os espinhos, a sufocaram e não deu fruto"*. Eu tinha recebido a semente de Deus em meu coração, mas deixei que ela fosse sufocada por minha insana corrida pelas coisas dessa terra.

Nesse ambiente de desgaste, engravidei e tive minha princesinha Naira Emy em 12 de setembro de 1990. Nesse período eu frequentei a Igreja Metodista do Brasil até julho de 1993, mas era somente mais uma pessoa na multidão.

Além disso, eu trabalhava exaustivamente. Havia sido contratada pela UFU (Universidade Federal de Uberlândia) em 1991 e no ano seguinte fiz um curso em Araraquara que serviu de base para que ingressasse em um Curso de Especialização em Periodontia na UNESP Araraquara, além de ser aprovada em um Concurso Público pelo IPREMU uma Autarquia da Prefeitura Municipal de Uberlândia naquele mesmo ano.

Com dois empregos, Curso de Especialização, consultório particular, dois filhos pequenos e um marido que sempre priorizou o trabalho, me vi obrigada a largar alguma coisa, pois estava em vias de exaustão.

Neste mesmo período, meu então marido, veio com uma proposta bastante desafiadora, que deixava em minhas mãos a decisão final: fazer seu pós-doutorado na Europa ou USA. Tinha que deixar tudo que construíra e a minha estabilidade conquistada na época para dar uma oportunidade para minha família.

mãos a decisão final: fazer seu pós-doutorado na Europa ou USA. Tinha que deixar tudo que construíra e a minha estabilidade conquistada na época para dar uma oportunidade para minha família.

CAPÍTULO 03

CONFLITO EM FAMÍLIA

Decidimos então, como família morar no USA. Sabendo pouquíssimo da Língua Inglesa e em busca de uma vida mais confortável, deixei tudo que construíra nas mãos de outras pessoas. Tirei uma licença sem remuneração do meu trabalho público no IPREMU (Instituto de Previdência dos Servidores Públicos do Município de Uberlândia) e fomos começar uma nova vida temporária na cidade de Charlottesville, Virginia USA.

Eu tomei aquela decisão pensando em primeiro lugar em minha família. Era agosto de 1993 quando embarcamos e chegamos naquela pitoresca cidade em plena estação de outono, um espetáculo aos nossos olhos e o marido iniciou seu tão sonhado pós doutorado na Universidade da Virgínia. O plano inicial era permanecer por apenas um ano, mas acabamos tendo de permanecer por três anos. Foram tempos desafiadores, entretanto, tivemos muitos momentos alegres em família. No final, no entanto, eu me vi em profunda depressão.

Mesmo um pouco distante, Jesus sempre me chamava,

eu asseguro que um dos motivos disso era intercessão da minha amiga Dalva que daqui do Brasil orava por mim e minha família sem esmorecer e uma mulher de Deus portuguesa a Lily, que conheci e nestes anos foi companheira e muito me ajudou. Terminado o período, regressamos ao Brasil.

Voltamos em 1996 e lutei intensamente para ir reconstruindo tudo que ficara. A Autarquia que eu trabalhava fechou em 1999 e fomos colocados em disponibilidade, dando início a uma batalha judicial em busca de nossos direitos. O saldo de tudo aquilo era: eu depressiva, consultório destruído e o casamento à beira do caos.

Querendo ser útil no Reino de Deus do período de 19 a 25 de julho de 1997 estive juntamente com um grupo de irmãos e profissionais da Saúde, trabalhando de forma voluntária como cirurgiã dentista em Peixoto Azevedo- MT num Projeto chamado "Uma Semana Pra Jesus".

Fui então congregar na Igreja Presbiteriana Central no ano de 1999. Os dias, meses e anos foram passando e vivemos como casados, cada um com suas dores e com máscaras. Em 2000 me tornei literalmente uma filha pródiga e fui estar no mundo, sem me incomodar com mais nada.

Às vezes, muito raramente, via um fiozinho de esperança, até que em 2001 foi a gota para um casamento que sem Jesus que já estava indo à falência. Meu marido saiu para viver a vida dele e eu fui com enormes dificuldades buscando ficar em pé, no entanto, desmoronei. E ter fé em Deus estava longe de mim.

Quando a vida perde o valor

Eu tentava com todas as minhas forças permanecer em pé por meus filhos. Eu sempre desejei o melhor para eles, pois havia aprendido que são herança Senhor. Não tinha vida com Deus, mas tentava encontrar um lugar para os filhos para que mesmo nestes atropelamentos na vida, eles tivessem chance de viver de outra forma quando adultos.

Comecei mais uma vez terapia e quando menos esperei fiquei totalmente desestruturada com os dois filhos, insegura, incapaz, desajustada, com crises esquisitas e com um sentimento de culpa que me corroía por dentro. Mesmo passando por tratamento psiquiátrico, me sentia com um peso emocional insuportável.

Eu me via mais morta do que viva, por isso, planejei que tiraria minha vida em abril de 2002. "Chega de viver!", eu dizia a mim mesmo por mais de meses. Mas o Deus de amor incondicional através do Senhorio de Cristo me surpreendeu. Ele planejou mesmo neste tempo de tempestades, um novo começo, no nascer da água e o do Espírito.

Já fazia três dias que eu planejei que ficaria sem me alimentar e beber água para ficar fraca. E já com pensamentos que eu fora um erro de nascimento, com culpa de ter nascido, uma péssima esposa, uma profissional que nos últimos tempos só causava transtornos na vida e agendas dos pacientes, fracassada financeiramente e ouvindo da pessoa que nunca imaginaria que "nem para ser mãe eu estava prestando", só focava dentro de mim no suicídio.

Então, cheguei ao meu consultório para tentar fazer uma cirurgia. E quando vi, a lâmina de bisturi, sem pensar muito, a peguei a e cortei o meu pulso direito. Tinha vontade de me cortar por inteira, mas a minha auxiliar vendo aquela cena gritou para outros virem ajudá-la e me contiveram. No entanto, com uma força descomunal saí dali para algum lugar em que pudesse aguardar a morte.

Foi então que me lembrei de uma cachoeira em que tinha ido algumas vezes naquele último ano e me dirigi para lá. Cheguei perto das águas, mas resolvi que iria adentrar na mata com carro e tudo. Me fechei e lá fiquei. Passado não sei quanto tempo, resolvi escrever cartas que na minha cabeça seriam encontradas com "meu corpo".

Estava tudo preparado, estava esgotada, sem forças, sozinha na mata apenas esperando o pior. No entanto vi surgirem pela vidraça três rostos amigos, eram Douglas, Arsênio e Cristina.

Ao invés de me alegrar em vê-los, senti sopradas em meu interior (hoje entendo que pelo próprio satanás) as seguintes palavras: "Pergunta a eles quem os mandou aqui?" Eu repeti a pergunta, pois dentro de mim eu pensava: "O que eles vieram fazer aqui? Nem morrer sossegada eu posso?"

Na época eu não sabia, mas aquele era um genuíno campo de batalha e uma guerra espiritual estava sendo travada. A Bíblia diz que o diabo que veio para roubar, matar e destruir, por isso ele tentou até seus últimos argumentos.

No entanto, Deus entrou com Sua providência para que não acontecesse o pior. Ele foi dando palavras que foram trazendo vida ao meu espírito, que foram como águas brotando e trazendo alívio, vida e paz a minha alma atribulada e confusa.

Deus, então deu resposta às minhas perguntas e uma voz doce disse-me: "Quem nos mandou aqui, é Aquele que antes da sua mãe descobrir que estava grávida, já te amava e te diz que tem um PROPÓSITO em sua vida".

Algum tempo depois o Espírito Santo me mostrou o que está no Salmos 139, e vi que realmente Deus me conhecia muito antes de que eu pudesse conhecê-Lo. Logo depois, conversando com meu pai Warner ele também disse-me algo que impulsionou-me a querer saber mais desse Deus Pai misericordioso: "filha você não queria morrer, você, só não sabia mais como viver ".

A partir daí então, comecei a lutar para viver cada dia, pois ao meu derredor o diabo rugia como leão. Essas lembranças traziam-me forças que o Pai estava "movendo as águas" para que eu chegasse nesse PROPÓSITO que ainda não tinha nem ideia do que seria. Aleluia! Porque Ele havia me assegurado uma coisa: "Ele cuidaria de mim e de meus filhos".

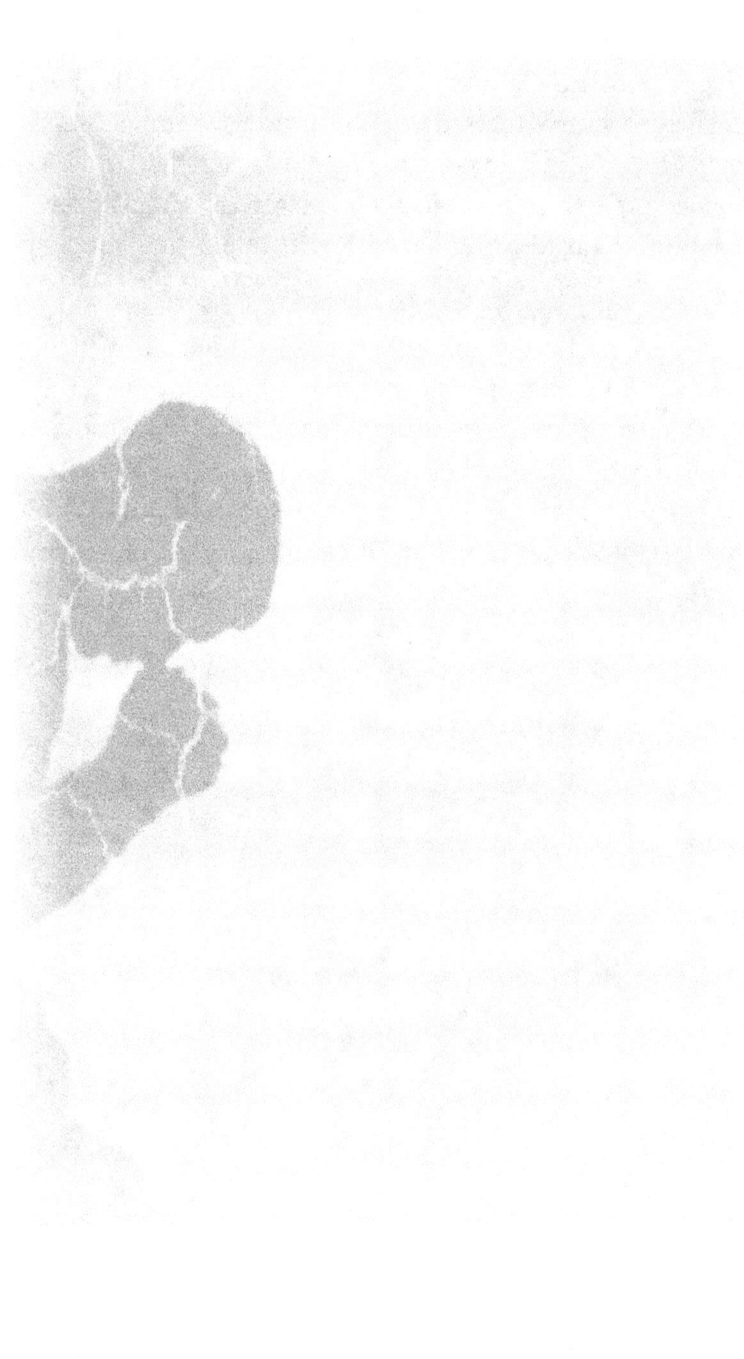

CAPÍTULO 04

DE VOLTA À CASA DO PAI

Como eu disse, eu já havia entregue minha vida pra Jesus alguns anos antes, mas foi somente no ano de 2002, após aquela tentativa de suicídio que entendi realmente um chamado para começar de verdade e na Verdade um relacionamento de intimidade com o Pai.

Me identifiquei com aquele filho chamado pródigo que apesar de ter desonrado o pai e ter ido para o mundão foi recebido com os braços abertos, simbolizando para mim a cruz de Cristo.

Comecei uma nova vida, mas ainda carregava fardos pesados e me sentia em muita solidão. Com uma vida mais a chorar, com autocomiseração, também com sentimentos e emoções desestruturados que ainda não haviam sido restaurados, e sentindo fortemente a dor do abandono, tomei uma decisão: Quero ter um Encontro com Deus.

Nessa época, ouvi que a Igreja Sal da Terra onde estava frequentando estava planejando um Encontro com Deus no fim de semana em setembro. Participei dos pré- encontros e a cada dia me enchia de expectativa e fé para o que me esperava nesses dias. Foi quando fiz meu primeiro jejum de 40 dias.

E eu sonhava com esses dias. E dizia a mim mesma: é o Dia! E trabalhando quase sem condições, mas com uma fé que me movia finalmente chegou o tão aguardado dia 20 de setembro. De manhãzinha, acordei, creio mais alegre do que no dia do meu casamento.

Travando uma batalha

Apesar da minha expectativa, uma grande batalha era travada nas regiões celestiais. Quando faltavam mais ou menos 30 minutos para a saída do ônibus no lugar combinado, com tudo dentro do meu carro desde de manhã, trabalhando sem almoço até aquela hora para poder sair as 17:30h do meu consultório, minha secretária veio com uma novidade.

Ela me disse que não havia pago o aluguel do apartamento que eu estava morando e que eu precisava passar no banco antes de ir para o meu compromisso. Com situações sem meu entendimento, gastei creio eu mais de uma hora e meia naquelas máquinas com meu cartão falhando. No início funcionava e na hora da conclusão e de efetuar o pagamento falhava.

Tentei em todas as máquinas e ali comecei a clamar o nome de Jesus, o pagamento simplesmente não poderia ser efetuado. Por fim consegui sacar o dinheiro, mas para pagar precisei ir até a casa lotérica no shopping, onde finalmente paguei o abençoado aluguel. Corri muito, mas só percebi que algo estranho estava acontecendo, quando cheguei na frente da igreja e todos haviam ido embora.

No entanto, ali estavam três pessoas que perguntaram meu nome e disseram: "Que pena, esperaram você até vinte minutos atrás, mas você não chegou, não é?". Aquelas palavras soaram aos meus ouvidos como se fosse de "zombeteiros" e mais decidida do que antes, mesmo sem saber o local exato do acampamento e com meu carro com pneus "carequíssimos" eu decidi ir.

Resoluta eu dizia para mim mesma que iria chegar lá, fui pelo caminho ouvindo um louvor muito conhecido: "Renova-me", e decidi que aquela seria minha arma espiritual e cantando somente esse louvor por quase uma hora, com o carro derrapando, fui entendendo que eu estava guerreando contra as trevas.

A noite chegara e eu segui adorando e batalhando, mas pela graça e amor do Senhor, cheguei à porta do salão. E lá estava minha intercessora com meu crachá nas mãos e me disse: "Sabia que você viria, e estava orando por você". Esse é o poder da oração que é capaz de mudar nossas vidas!

Recebendo Renovo

No intervalo das ministrações do sábado de manhã fiquei quietinha na minha cadeira ao lado de uma janela e então tive uma experiência observando os voos dos pássaros. Vi um passarinho saindo de uma matinha e voando forte até uma árvore numa certa distância. Eu percebia que ele sabia onde ele queria chegar. Tão logo ele foi chegando perto da árvore, diminuiu a velocidade e pousou num galho e lá ficou.

Outro passarinho saiu da mesma matinha e voou em direção ao horizonte, sem tanta pressa e eu o segui até meus olhos não mais o alcançarem. Bem pertinho da janela onde eu estava também tinha uma árvore com um passarinho olhando para mim, mostrando estar tranquilo, sossegado e descansado.

Depois me chamaram a atenção dois passarinhos enormes voando, sem pressa em círculos. De repente, um ausentou-se e o outro continuou no mesmo círculo e no mesmo lugar, como se ficando ali chamasse o outro de volta. Depois de muitas voltas sozinho, ele decidiu mudar de lugar. Ainda nesse novo lugar ficou sozinho fazendo outros círculos bem menores.

Cada cena daquela era um ministrar profundo em meu coração. A Bíblia fala que a natureza manifesta a Glória de Deus e ali Ele estava claramente me falando sobre os fatos da minha vida, olhando tudo aquilo comecei a pensar nas questões família/divórcio/separação e reconciliação e Ele foi me dando direções a respeito, que aqui compartilho com vocês:

O primeiro passarinho sabia onde chegar, mas teve que lutar voando, pois se somente ficasse vendo não chegaria no seu alvo. Ele decidiu com impulso e força de vontade, não desistiu, chegou e descansou. O segundo passarinho saiu sem rumo certo com um mundo à sua frente e foi, foi e foi... Chegou? Não sei.

O terceiro passarinho sempre soube seu lugar e lá ficou. Sabia ele que seria protegido de perigos sem temer as tempestades que poderiam vir. E caso elas chegassem ele poderia entrar no abrigo com a janela pertinho dele.

O quarto e quinto passarinhos ficaram juntos por um tempo, mas um deixou de acreditar. O que ficou ali sozinho em círculos tentou acreditar, mas desistiu. Mudou de lugar, mas não mudou de atitudes, de postura diante da situação e voltou a fazer círculos, sozinho.

Então eu fiz a seguinte oração: "Deus me ajude eu não quero jamais ter dúvidas e nem ficar no mesmo lugar e nem deixar as velhas atitudes retornarem...". Deixei o local para outra programação, mas quando a madrugada chegou, enquanto eu dormia fui despertada pelo Espírito que me deu uma nova versão da canção "Renova-me":

Renovada

Renovada fui Senhor Jesus

Tu mudaste o meu coração

Porque tudo que foi necessário mudou

Tudo dentro de mim transformou

Porque tudo que há dentro de mim

Foi transformado por seu amor, Meu Jesus.

Porque tudo que há dentro do meu coração

Se iluminou por Ti Senhor.

E sim, aceitei Jesus como meu suficiente Senhor e Salvador, me arrependi e pedi perdão pelos meus pecados em 27 de abril 2002. E em 01 de setembro do mesmo ano, recebi o Batismo por imersão nas águas e poucos minutos o Batismo com o Espírito Santo com um cântico espiritual vindo das regiões celestiais. Um dia glorioso! Fui agraciada, pois lendo a Palavra desde de Gênesis ia fazendo paralelo com escritos nos Evangelhos e Atos dos Apóstolos e esse foi meu pedido a Deus. Meu espírito era insaciável, queria tudo o quanto entendia ser possível de Deus.

Por fé recebi as transformações que cri e foram

profetizadas naquele inesquecível fim de semana onde tive um Encontro com Deus e nas semanas subsequentes tivemos o Pós Encontro e depois o Reencontro e vieram novos desafios e provas.

Entendia que, deveria permanecer e prosseguir, pois à frente me aguardava um caminho estreito, onde iria cair e ser levantada ainda várias vezes, pois era ainda somente uma criança faminta e sedenta que buscava um alívio que parecia demorar muito.

O Espírito Santo deu-me a Palavra de Eclesiastes 3 para minha meditação. Eu sabia que havia mais de Deus para experimentar, sabia que era só o começo do que Ele iria fazer na minha vida e através dela. Eu recebi ali a o renovo de que precisava e a força para continuar. Finalmente, eu entendera o que era salvação e que a partir daquele momento deixaria que os frutos dessa salvação se evidenciassem no meu viver diário.

CAPÍTULO 05

OUVINDO DEUS

Após eu ter participado do Encontro e Reencontro com Deus e do 1º Curso de liderança eu comecei a entender que Deus queria mais de mim, que queria me conduzir a diálogos mais profundos e manifestar-se a mim face a face e comecei a buscar esse lugar Nele.

Nesse período, tive o privilégio de estar com uns irmãos missionários vindos da Inglaterra onde pude receber algumas palavras proféticas da parte de Deus, além de outros momentos em que Deus usou algumas pessoas para falar ao meu coração.

O dia oito de novembro de 2003, foi marcante pois enquanto eu compartilhava com alguns irmãos sobre o "ouvir a Deus", Ele mesmo proporcionou que pudesse ouvi-Lo por meio daqueles amigos. Uma das líderes daquele seminário, dirigiu os outros irmãos a entrarem em profunda intercessão por minha vida e que deixassem o Espírito Santo falar por meio de suas bocas. Por isso, listo aqui algumas das palavras que Ele me falou através de seus profetas que estavam ali:

Rompendo o véu

Naquele dia se iniciou um processo que duraria anos, mas que faço questão de compartilhar, pois se demonstrou uma construção de Deus em meu interior, por meio das palavras proféticas que recebi e que pouco a pouco foram ganhando significado e encontrando cumprimento.

Angélica

Ela me olhou de maneira firme e senti como se algo forte queimasse em meu coração, então não tive dúvida que o Espírito do Senhor estava sobre ela, então disse: "O meu tempo não é o seu tempo. Entrega-me a tua vida e espera em mim. Tenha fé!"

Cecília

Também o Senhor usou a irmã Cecília para me dizer: "Eu tenho coisas novas para você, nova direção e caminho". Falou-me de pés descalços andando na lama, o local era escuro, mas os pés eram bonitos, limpos e bem feitos.

Sonia Maria

A irmã Sonia teve uma visão que muito me intrigou. Essa querida irmã relatou "me ver lendo a Bíblia, mas conforme as páginas iam passando a leitura era interrompida, pois uma cortina branca e fina se interpunha entre mim e Palavra, fazendo com que as letras parecessem distorcidas". No momento eu não entendi muito bem, mas sabia que era algo genuíno e que no momento certo seria esclarecida a aquele respeito.

Conexões Divinas

Tudo começou no ano de 2004 no Seminário de Batalha Espiritual e no Curso de Libertadores ministrados pela Pra Neusa Etioka e equipe, onde recebi uma profunda ministração em Cura Interior.

No dia 25 de Maio 2005, no entanto, o Espírito Santo trouxe dentro do meu coração uma palavra: "Seu caráter está deformado por ter sido magoada por pessoas que exerceram papéis de autoridade na sua vida". Só entendi que havia feridas que precisariam ainda de cura. E declarava as palavras de Jesus dentro do meu coração: "Eu sou o Caminho e a Verdade e a Vida".

Continuei em uma busca intensa por Deus, de modo a gradativamente alcançar o entendimento, a revelação e a confirmação daquelas palavras que estavam guardadas em meu espírito.

Elaine

No ano seguinte, no dia 23 de janeiro 2006 numa Reunião de Intercessão uma irmã chamada Elaine me viu e disse que via uma folha em branco indo sobre as águas de um rio e que o Espírito Santo falou que ia escrever a história de minha vida através do Salmos 139.

E naquele momento Deus começou a fazer uma conexão entre a Palavra que havia recebido da irmã Cecília sobre o estabelecimento de um novo tempo e uma outra palavra que Deus me deu sobre "Vida nova (parto), rostinho de criança. Sulcos nas pedras, cores." Todas essas palavras e experiências demonstrava que Deus estava inaugurando algo novo em minha vida e também que eu não estivesse ansiosa, apenas esperasse Nele, tal qual já havia me falado por boca da irmã Angélica.

Naquela mesma reunião o irmão Luiz, hoje Presbítero orou Provérbios 24:10 "Se te mostrares fraco no dia da angústia, é que a tua força é pequena" e o irmão Rafael me disse para meditar em Josué. Entendi que estas palavras vindas do Trono da Graça de Deus se conectavam com o PROPÓSITO.

Entendi que o Senhor estava me comparando com Josué se se sentia o menor de uma família mais pobre da região e mesmo assim na sua fraqueza Deus o escolheu para andar e ter intimidade com Ele na Terra, que eu precisava me esforçar e ter bom ânimo apesar das dificuldades que eu encontrava em entender muitas coisas, eu sabia que haviam algumas deformações em meu interior que me impediam de experimentar aquilo que Ele desejava compartilhar comigo.

Clara

Viu e desenhou uma imagem:" pêndulo balançando"

.

Anos mais tarde eu perguntava ao Senhor:

- O que isto significa? E o Espírito Santo me levou a uma palavra no livro do profeta Amós onde está escrito: "Foi isto que ele me mostrou em outra visão: o Senhor estava em pé, junto a um muro que havia sido construído usando-se um prumo, e segurava o prumo em sua mão. O Senhor me perguntou: "Amós, o que você vê? Respondi: "Um prumo". Então o Senhor disse: provarei meu povo com este prumo. Não fecharei mais os olhos para o que fazem. Prepare-se para encontrar seu Deus. Amós 7:7-8; 4:12b (Bíblia de Estudo Nova Versão Transformadora)

Estabelecendo um Tempo Novo

Carminha

Nesse mesmo contexto uma outra irmã, chamada Carminha me contou que primeiro ouviu em música essas palavras: "entrega teu caminho ao Senhor e confia nEle e Ele tudo fará." e depois viu um quadro comigo, nele eu estava caminhando em uma rua reta e sem casas de mãos dadas com uma criança e eu perguntei o que isso significava, e Ele me respondeu: "seu caminho está liberto!".

Anos mais tarde, 01 de maio de 2011 uma irmã marcou uma conversa comigo e disse que precisava me ensinar a respeito do espírito de vingança que é destruidor em todas as áreas e me mostrou que faltava ainda eu me perdoar, caso contrário eu estava invalidando o poder do sangue que Jesus derramou por meus pecados na cruz no Calvário. Lembro que chorei muito e fizemos uma oração e percebi meus sentimentos e emoções sendo restabelecidos.

Cláudia Maria

"Tenha o cuidado de guardar as Minhas palavras. Pois Eu não falo como o homem fala e não vejo como o homem vê. Os meus pensamentos não são os seus pensamentos e nem os meus caminhos são os teus caminhos". Em 2005, integrei num Ministério MIL onde ela era uma das líderes e permaneci por quase cinco anos. Aprendi e fui tratada semanalmente assim como os demais participantes. E a partir de 2007 eu a elegi como uma grande amiga e é para mim um testemunho vivo e uma mulher a ser imitada. Estivemos juntas na JOCUM em 2013 e pudemos ser provadas quanto a nossa amizade.

Quando no MIL fizemos um Curso Dinâmica da Personalidade vindo de uma parceria com a JOCUM, li o livro "Personalidades Restauradas" da Apóstola Valnice Millhomes e "Temperamento Controlado pelo Espírito Santo" escrito por Tim Lahaye e percebi que o Espírito Santo estava me chamando a ser moída, mas ainda eu estava resistente. Não conseguia me libertar das antigas feridas do meu passado. Então, Deus usou seu servo para falar comigo:

Marcelo Tavares

Deus o usou para me dar a seguinte palavra: "Descansa em Mim e todos os seus desejos e anseios serão resolvidos em Mim. Não se preocupe com o tempo e como as questões serão resolvidas, lembre-se sempre que eu as resolverei"

Joana

Me disse: "Eu Sou Deus Soberano". Joana me relatou que via um quarto escuro e uma pessoa lá dentro, procurando um raio de luz para se levantar e caminhar e segurar. Até que ouviu uma voz suave que dizia: "Eu estou aqui. As trevas não podem me deter". Ela me disse que de mim emanava uma luz que iluminou todo o quarto.

8º Congresso das Mulheres que Oram

Em Agosto de 2011 eu participei desse congresso e ali Deus me disse que minha identidade estava sendo tocada e que Ele estava me propondo um novo estilo de vida, a vida no Espírito Santo, um tempo de completa rendição (Cantares 4:12-15, Cantares 5:1), me falando também sobre o sacrifício da cruz, alimento e graça de Deus.

No entanto, a palavra que ficou mais forte em meu coração durante aqueles dias foi FIDELIDADE. Ele me disse: "A fidelidade é muito importante para mim". Você precisa conhecer a Minha fidelidade. Sou eu quem falo. Obedeça! Você precisa viver a Minha fidelidade. "Sê fiel até a morte e eu te darei a coroa da Vida".

Deus é força, ajuda, alegria e paz

Todos esses escritos são dotados de muito significado para mim, no entanto há uma palavra que o Senhor usou a irmã Jean para me entregar e elas têm orientado minha caminhada. Ela me foi dada em inglês, mas aqui está uma tentativa de traduzi-la. Me foi entregue a cerca de 15 anos, mas as tenho em grande estima e as tenho guardadas, pois creio em um Deus que fala e compartilha seus segredos enquanto dialogamos com Ele face a face:

Jean

"Saiba que estou com você a cada momento do dia. Eu sou sua força e sua ajuda, mas também sou sua alegria e sua paz. Deixe-me fazer parte da sua vida em tudo, não me exclua. Lembre-se que conheço você completamente e também a entendo completamente, então não há nenhum problema ou dificuldade que seja grande demais para mim. Lembre-se de que meu amor nunca acaba e nunca muda."

Essa é a Verdade em minha vida. Ainda que eu tenha vivido muitos surtos depois disso, o desenvolvimento da minha salvação recebida como dom de Deus e o crescimento e a maturidade espirituais foram marcados por busca da intimidade em Deus e com experiências sobrenaturais. Creio que o propósito vem se cumprindo num processo e que o maior combustível em minha vida tem sido o de dialogar face a Face com o Pai constantemente e ser melhor a cada dia.

Peço que as obras que estão ainda reservadas, para serem feitas, através dessa águia do Exército do Senhor Jesus, possam se cumprirem neste breve tempo na Terra para a Glória Dele.

Memorial

Eu creio que essas palavras que recebi Dele são um memorial, para que por meio delas eu seja fortalecida nas minhas batalhas diárias. Posso buscar a face de Deus e ser encorajada por suas promessas que sei, a seu tempo, vão se cumprir e ver que muitas já se cumpriram.

Encorajo você a fazer o mesmo, anotar os segredos do coração de Deus que Ele compartilha ao seu, ou mesmo as palavras proféticas que você possa ter recebido. Guarde com carinho e não abra mão delas, pois elas são um refrigério em tempos de sequidão espiritual.

Quando nos dispomos a estar face a face com Deus, dialogando com Ele, somos conduzidas a revelações que vão muito além de nós mesmos, além de nossa capacidade em prever fatos e mesmo além do que cremos ser possível em vidas tão limitadas quanto as nossas.

Outro ponto muito importante a ser levado em conta sobre o assunto, é que ainda que quando proferidas algumas profecias pareçam confusas e destituídas de sentido, dia a dia vão ganhando significado, podendo ou não ser complementadas por outras, até se cumprirem cabalmente. Por essa razão jamais devem ser desprezadas.

O precioso tempo da comunhão com Ele

Dialogar com Deus face a Face, é muito mais do que falar e ouvir. É deixar o Espírito Santo adentrar no nosso espírito e por meio desse canal, ver nossa alma sendo transformada na essência pelos princípios da Palavra de Deus. Vamos sendo moídos em nosso querer e a Verdade que vai se manifestando em nós e através de nós. O processo é de Deus, a nossa responsabilidade é jamais interromper esses diálogos para que possam dar frutos.

É nossa escolha diariamente de ler e meditar nas palavras saídas da boca de Deus. A Bíblia é o nosso "Manual do Fabricante", ela nos capacita a andar pelo Caminho, Verdade e Vida, de modo que os propósitos de Deus sejam cumpridos em nossas vidas. Além do mais, ela traz cura, refrigério e direção nos momentos de incerteza e necessidades.

Por meio da busca constante de Deus, somos transformados à Sua imagem e semelhança e teremos como modelo Jesus Cristo. Podemos comparar ao processo de transformação da lagarta em borboleta, é algo magnífico e inexplicável o que Deus pode fazer na vida de alguém que se exponha a essa luz que é a Palavra de Deus.

A Verdade que liberta e transforma

Somente poderemos ser instrumentos, vasos de barro nas mãos do Oleiro, como cooperadores no Corpo de Cristo, em oração, jejuns, conselhos bíblicos e se entregando como sacrifício vivo a Ele. São essas práticas que nos tornarão mais parecidos com Ele. Há mistérios nesse processo que só o Senhor Jesus Cristo que tudo cumpriu pode revelar.

Também, vejo nesses diálogos muitas vezes em solitude, pensando em minha história, que cheguei a uma determinada idade como a águia, que viveu parte de sua vida e se vê em péssimas condições até que decidiu entrar no longo e doloroso processo e troca do bico, garras e penas para dar então novo sentido à vida e poder voar altaneiramente, em outras dimensões.

E eu busco diariamente olhar em direção ao Sol da Justiça o Autor e Consumador da nossa fé (Hebreus 12: 2-3). Mas nada disso é mágica, precisamos ir até a cruz de Cristo com consciência e com armas espirituais para resgatar nossa identidade.

Quando por fé, escolhemos que nossa vida terá lugar na Verdade, essa Verdade nos libertará dos diálogos de engano que outrora Satanás tinha domínio. Ter consciência que pela prática de pecados, sempre estaremos construindo prisões em que ficaremos encarcerados com base na mentira e engano.

Não podemos considerar uma vida de falsidade e hipocrisia como algo normal. A Bíblia diz que só a Verdade liberta e que se o Filho nos libertar, verdadeiramente seremos livres (João 8: 32, 36).

Assuma essa posição em sua vida, não permita que nada o impeça de estar com Deus, de ouvir Sua voz, receber seu alimento, pois uma vida cristã sem essa comunhão, sem os constantes diálogos com Ele, está naturalmente fadada ao fracasso. Não há esperança de vida cristã longe do próprio Cristo.

CAPÍTULO 06

ENCARANDO NOVOS DESA-FIOS

Certo dia de dezembro de 2003, enquanto eu dirigia animadamente rumo ao meu trabalho público e escutando o louvor "Os Sonhos de Deus", falei olhando para os céus: "O que posso fazer a Ti por estar novamente com essa alegria, força e vigor para as batalhas diárias, meu Deus? E então ouvi a "Voz", que tem me acompanhado em muitos diálogos: "Eu quero que você faça um horário nesta rádio Restauração e Vida".

Na hora pensei que devia estar maluca e deixei para lá. Passados alguns dias como hoje costumo falar, "cristocidentemente", indo novamente para o trabalho no mesmo percurso com o mesmo louvor, fiquei bem quietinha só deixando as notas musicais e as letras entrarem dentro de mim e novamente ouvi: "Você está alegre, pois quero que outras pessoas também estejam alegres, você vai comandar um Programa aí".

Bem, passou mais uma semana e as aflições voltaram com muita força e eu já me sentindo enfraquecida e temerosa não sabia como proceder. E de repente escutei: se você está angustiada, deprimida, com problemas familiares...venha para as sete semanas de libertação que começa hoje as 19:30h."

Então, eu imediatamente parei o carro e rapidamente anotei o endereço e o nome da igreja. E de noite lá estava eu, e assim fui conhecendo um povo muito avivado através da pastora Carmem e fui então ouvindo muitas pregações deles na "Rádio Restauração e Vida" e recebi orações de guerra.

Em uma dessas pregações se falava do nascimento de uma neta dessa pastora e eu a noite fui dar os parabéns e ela que me disse toda encabulada: "preciso falar pro missionário Francisco Hélio, meu marido, ter cuidado de pegar antigas ministrações", pois na verdade a neta dela já iria fazer um ano na próxima semana.

Por fim, ela me pediu uma carona e acabou me dando um convite para festa que aconteceria para essa celebração. O que tem essa história a ver com o pedido do Senhor? Descobri naquela noite do aniversário que a rádio funcionava atrás de onde estávamos e o missionário fez questão de levar minha filha e eu para conhecer o lugar. E lá chegando ouvia dentro de mim, "é aqui. "

Bem, o mês passou e fui ao Paraná passar as festas de fim de ano e férias. E quando voltava para Uberlândia num percurso de quase 700 km de carro em solitude e fazendo planos para o ano de 2004. Escutei de maneira clara e cristalina, "antes de qualquer coisa você vai tratar dos meus assuntos".

Fiquei assustada, mas quebrantada e fui escutando todas as instruções para o projeto, o nome seria "Restaurações nos Lares" e me Deus foi me dando outros detalhes como o dia, a duração e etc. Fui falar com o Pr. Vanderley, pois na época me encontrava em processo de divórcio. Ele me disse que reportaria aos outros pastores do Conselho e que eu não falasse em nome da Igreja Sal da Terra.

Nesse tempo meus filhos serviram cuidando da mesa de som por 12 meses, semanalmente por 2 horas com a abertura de todos os programas com o louvor Sonhos de Deus, vi Deus realizar conversões, libertações, curas, adoração e recebemos muitas cartas. Vi se cumprir a palavra que eu recebera sobre a restauração em muitos lares.

Cuidando dos meus

Preciso contar que em agosto de 2004 eu quis desistir de estar em Uberlândia, as questões financeiras estavam terríveis e eu estava cansada de lutar. E fiquei sabendo de uma região do Pará em que alguns colegas estavam realmente ganhando muito dinheiro e eu fui me organizar para uma possível mudança. Conversei com meu pai e ele me pôs em contato com pessoas que moraram lá.

Então, tracei um plano e crendo que Deus estava me aprovando, decidi que iria para lá sozinha. Deixaria minha filha com o pai e se desse certo tiraria licença ou até mesmo pediria exoneração do trabalho público. A viagem seria depois do dia 12 de setembro para eu passar o aniversário junto com ela.

Faltando uma semana para o aniversário, estávamos em férias e tudo parecia estar indo muito bem. Entretanto, aconteceu algo inesquecível e que já testemunhei algumas vezes. Nessa época eu cooperava como co-líder de grupo familiar e no dia em questão minha filha também participava de um grupo de pré-adolescentes e fazia aula de Inglês na Igreja Sal da Terra Vigilato Pereira num bairro próximo ao Praia Clube.

Ela pediu permissão para ir a pé encontrar com as amigas após sua aula e me encontrar lá à noite. Eu permiti e fui trabalhar no meu consultório particular. Eu fui buscá-la por volta das 19:30h para irmos ao grupo familiar. A deixei junto ao grupo de pré-adolescentes e fui levar a Palavra ao meu grupo na época. Voltei para buscá-la as 22:30h para irmos para casa e tudo parecia correr normalmente. Ela pediu para lancharmos e fomos.

Enquanto aguardávamos, ela me relatou que havia acontecido algo terrível no caminho para o clube. Era por volta de 16:30h e foi abordada por um indivíduo em uma moto. Ela me relatou que ele arriou o calção com suas partes íntimas expostas. Tenho certeza que por pura misericórdia de Deus ela conseguiu correr, enquanto um outro veículo surgiu na rua.

Mas, o que mais me marcou ainda viria em seguida, pois quando a indaguei perguntando o porquê dela não ter me ligado do "orelhão" quando chegou lá, ela me respondeu com um: "não sei mãe, esqueci de você". Eu guardei aquela resposta. Chegamos em casa, e oramos juntas para que o Senhor a ajudasse a esquecer o ocorrido e agradecemos o livramento. Ela estava abalada e permaneci ao seu lado até ela adormecer.

Quando entrei em meu quarto me derramei diante do Senhor dizendo: "Senhor agora a conversa é entre nós dois", fui logo agradecendo mais uma vez por haver livrado minha filha de um estupro ou algo pior, mas perguntando: "Por que minha filha disse que esqueceu de mim? Eu não tenho feito de tudo para ela? Não estou indo até trabalhar numa região desconhecida para dar o melhor aos meus filhos?"

Mas o que ele me respondeu me deixou paralisada: "Você não está indo buscar dinheiro? Pois bem, você vai ganhar muito dinheiro, tanto que não saberá nem o que fazer com a quantia. Mas terá um preço, perderá sua filha. Se ela precisar de você, ela vai poder contar com sua presença? Você estará a mais de 3mil quilômetros de distância. E olha que você sonhava em ter uma filha e eu te dei".

No mesmo instante eu pedi perdão e desisti de todos aqueles planos. Compartilhei com meu pai e ele me disse: "é verdade filha, cuide de sua filha e o que tiver no meu alcance eu te ajudo. Naira precisa de você."

Tive nesta experiência uma clara manifestação da palavra que diz que "o amor ao dinheiro é a raiz de todos os males". Pois se não cuidamos de nossas motivações, faremos coisas em nome da ganância como se estivéssemos operando em nome do amor e dentro da vontade de Deus. Nossas prioridades necessitam ser as prioridades de Deus.

CAPÍTULO 07

SENDO TRANSFORMADA POR DEUS

No dia 09 de novembro 2004, o Senhor Jesus me deu uma palavra, Ele me disse: "Rossana filha minha, estou fazendo mais do que seus olhos podem ver, aquiete-se e sinta a dor". Eu entendi o que Ele estava tentando me dizer, me lembrando do parto, onde somos encorajados a não "fazer escândalo" mesmo com toda aquela dor e sofrimento experimentados.

Aquela palavra me sustentou em um momento muito difícil da minha vida. Além dessa, o Espírito Santo me conduziu até algumas porções bíblicas que aqui vou compartilhar:

"Ora, àquele que é poderoso para fazer tudo muito mais abundantemente além daquilo que pedimos ou pensamos, segundo o poder que em nós opera."

Efésios 3:20

"Orai sem cessar. Em tudo dai graças, porque esta é a vontade de Deus em Cristo Jesus para convosco."

1 Tessalonicenses 5 :17-18

Essas palavras me orientavam para um lugar de

quietude, de esperança. Antes eu era uma mulher de temperamentos sanguíneo e melancólico, mas esse tempo estava sendo preparado por Deus para que eu subjugasse minha inclinação natural e passasse a ser controlada pelo Espírito Santo.

Ele sempre reforçava, especialmente por meio de sua Palavra, que eu não deveria temer, apenas confiar que Ele estava comigo em cada passo onde pisassem os meus pés, eu não era mais minha e por isso precisava me entregar para ser aquela nova criatura que Ele estava formando.

Avançando rumo ao alvo

Comecei a experimentar a verdadeira transformação do meu ser, comecei a ver dia a dia aquela velha criatura dando lugar a pessoa que Deus criou para ser. Como eu disse, não foi da noite para o dia, mas um dia de cada vez, assim como as misericórdias de Deus se renovam sobre nós. Diariamente, Ele me dava oportunidade de trabalhar com as consequências do passado.

Mas sobre isso, Ele me deu uma clara direção, que hoje compartilho com você e espero seja um norte para sua vida: *"Filha minha, não passe o restante de sua vida só querendo consertar o passado, viva o presente e avance para o futuro. Esqueça o passado, não aceite viver de qualquer maneira, não vale a pena uma vida estendendo um pires e pedindo migalhas."*

Todos aqueles que passam por experiências traumáticas muito profundas como eu, precisam lutar contra uma vida de mendicância, de autocomiseração, não há como consertar o passado, apenas lidar de forma inteligente com suas consequências, precisamos viver o hoje, pois ele sim pode ser mudado. O cristão nascido de novo não pode parar, precisa avançar, vejo que a Palavra nos ensina a esse respeito:

"Não que eu o tenha recebido ou tenha já obtido a perfeição; mas prossigo para conquistar aquilo para o que também fui conquistado por Cristo Jesus. Irmãos, quanto a mim, não julgo havê-lo alcançado; mas uma coisa faço; esquecendo-me das coisas que para trás ficam e avançando para as que diante de mim estão, prossigo para o alvo, para o prêmio da soberana vocação de Deus em Cristo Jesus. Todos, pois, que somos perfeitos, tenhamos esse sentimento; e, se, porventura pensais doutro modo, também isto Deus vos esclarecerá. Todavia, andemos de acordo com o que já alcançamos."

Filipenses 3: 12-16.

Veja quanta riqueza em uma só porção da Escritura, nela o próprio apóstolo Paulo nos diz que ainda não alcançou, mas segue, prossegue. Essa tem que ser nossa atitude diante das coisas que ainda não alcançamos, elas não devem nos deprimir, ou nos parar, devemos andar de acordo com o que já alcançamos. Então eu decidi assim, a cada dia vou sendo por Ele transformada à sua imagem e semelhança e assim prossigo até alcançar.

Paredes do meu coração

"Ah! Meu coração! Meu coração! Eu me contorço de dores. Oh! As paredes do meu coração! Meu coração se agita! Não posso calar-me, porque ouves, ó minha alma, o som da trombeta, o alarido de guerra."

Jeremias 4:19

A transformação passa por sentir dores, como eu disse no início desse capítulo o Senhor Jesus me deu uma palavra sobre dar à luz a algo novo. E dar à luz dói, e dói muito, gerar algo novo dói. Ele estava gerando algo novo em meu interior e estava gerando uma nova Rossana e quanta dor esse processo envolvia.

No texto acima o profeta Jeremias fala das dores de seu coração que se agitava em agonia e eu muitas vezes experimentei essa agonia, mas Deus foi me conduzindo ao entendimento de que as mãos de Deus, representadas pelas mãos perfuradas de Jesus queriam adentrar em meu interior ferido e tecer um novo coração.

Ele me disse que estava trocando o coração de pedra, endurecido pelas dores e desesperança, por um novo coração de carne, maleável, pulsante de vida e sensível a Sua voz. E que faria isso por meio de movimentos como de um prumo, era a cadência da Sua vida fluindo em meu interior.

Prumo de Deus

"Mostrou-me também isto: eis que o Senhor estava sobre o muro levantando um prumo; tinha um prumo na mão. O Senhor me disse: Que vês tu, Amós? Respondi: um prumo."

Amós 7:7- 8a

Um prumo é um instrumento absolutamente necessário a qualquer edificação, ele serve de balizador, tem como objetivo principal trazer alinhamento. Nesse processo de transformação em que Deus estava me conduzindo eu precisava do seu prumo em minha vida, para me medir e me ajustar.

Havia muitas estruturas que foram construídas ao longo de minha jornada que precisavam vir a baixo, para que novas edificações pudessem ser construídas. Muitas vezes eu me via perdida dentro de mim mesma, meu coração era como um charco, um lugar incomunicável de onde eu não podia sair e que ninguém conseguia acessar.

Aquele era um trabalho meticuloso, destruir, construir, reconstruir, mas Ele sabia o que estava fazendo, era algo para se fazer sem pressa, no dia a dia, conforme eu me expunha à Sua Palavra e me derramava Nele nos nossos momentos de diálogos, nas vezes em que eu falava sem parar e nas vezes que eu me calava e chorava baixinho.

Assim Deus foi me trabalhando e também quer trabalhar a sua vida, abra hoje mesmo seu coração, deixe que Ele coloque essas paredes no prumo. Não se impressione se algumas delas vierem abaixo, apenas creia, pois o mesmo Deus que diz: "suporte a sua dor" está segurando firmemente em sua mão, enquanto você traz a vida uma nova e transformada criatura.

Restaurar as antigas veredas

Outro ponto importante que Deus trabalhou comigo a respeito da minha transformação está ligado a reconstruir caminhos. Ele fez uma viagem comigo na história de minha vida e me mostrou que precisava fazer uma confissão nova a respeito das pessoas que eu amava. Lembrando e meditando nos ensinamentos do VEREDAS ANTIGAS, uma poderosa ferramenta da Universidade da Família, comecei com essa oração:

"Pai, eu te agradeço por ter me dado meus pais: Warner e Maria Aparecida (Dinda). Sei que eles são preciosos para o Senhor e para mim. Peço que eu os ame e os honre através de minha vida. Escolho reverter cada maldição e liberar as bênçãos celestiais sobre a vida de cada um deles. Capacita-me a receber essas bênçãos liberadas pelos seus lábios através da Tua Palavra, e que seja contínua na vida também de cada um dos meus irmãos: Warner Júnior, Wilson e Wanderson. E que sejamos o que Tu Pai desejas que sejamos, e como abençoados seremos sempre abençoadores. Em nome de Jesus Amém".

Fazer aquela oração me deu a esperança e a fé necessárias para prosseguir. E assim, pude ver a atuação de Deus em toda minha trajetória, honrar minha família, ser grata por todas as experiências e naquele mesmo dia comecei a escrever um pouco da minha história pregressa para jamais esquecer que sou um milagre de Deus.

CAPÍTULO 08

O NASCIMENTO DE UM SO-NHO

Como já disse, sou um milagre de Deus e o livro que você tem agora em mãos também o é. Gostaria de compartilhar aqui como nasceu o sonho de escrever esse livro.

Eu já contei antes de era uma criança falante, agitada e alegre e desde a mais tenra infância, quando estava ainda sendo alfabetizada com seis ou sete anos, curiosa, estudiosa e detalhista como era, sempre procurei escrever e ler sobre tudo que eu fosse aprendendo, pois na minha mente mesmo que infantil isso seria bom para mim e outras pessoas.

Rossana, o que tanto você escreve?

Nestes anos passados desde minha real conversão, esse dom que tenho foi chamando a atenção por eu estar sempre escrevendo ou fazendo anotações. Principalmente na Igreja, nos cultos, na escola bíblica, seminários, cursos, vigílias de orações e intercessões e nos lares, enfim onde a Palavra de Deus era lida e revelada lá estava eu tomando nota.

E nos meus diários onde eu me derramava e ainda me derramo com a Palavra de maior excelência, fui trazida à intimidade com o Espírito Santo de Deus. Sou uma pessoa muito questionadora com pessoas e mais ainda com Nosso Pai. No méu tempo de solitude, desejava e continuo desejosa de registrar, "comida e bebida" de excelência para ser servida às pessoas no tempo determinado por Deus.

Então a partir do ano de 2007, minha mãe e muitas irmãs em Cristo, começaram sempre a me indagar: "Rossana que tanto você escreve?". Aquela inquietante pergunta me fez ir até Deus e abrir meu coração a esse respeito, dizendo: *"É verdade, temos conversado tanto, tens ensinado, corrigido e trazido tantas coisas maravilhosas ao meu entendimento e por que eu escrevo, escrevo e escrevo?"* Foi entanto que o Aba me segredou: "Você vai escrever livros".

Eu confesso que incialmente me assustei com aquelas palavras ouvidas em meu interior e por isso guardei apenas em meu coração. Até que em um dia qualquer do ano de 2009 no trabalho público municipal onde estava sendo desafiada a trabalhar fora da cadeira odontológica, na área de manutenção de equipamentos.

Enquanto eu aguardava um colega entregar um equipamento que havia consertado, em frente de uma Unidade de Saúde dentro do veículo, o Espírito de Deus me surpreendeu e disse: "pegue sua agenda e anote o título do seu primeiro livro: Dialogando com Deus face a Face.

O tempo de Deus

Após esse surpreendente dia, pedi oração em meus grupos de orações e algumas irmãs perguntaram-me quando eu começaria a escrever o tal livro. O tempo passava e de vez em quando eu perguntava ao Senhor: "Como queres que eu escreva esse livro? Já é a hora certa? Qual o objetivo maior para que essa obra não seja apenas um sonho? Qual o propósito?" E tantas outras perguntas.

Até que no dia 18/09/2010, numa manhã e com uma dor de cabeça terrível, mas cumprindo meu pequeno e precioso tempo com meu Amado Jesus Cristo, orando, dando graças por mais um dia de vida e querendo ouvir do Senhor, clamei para que ele falasse comigo.

Então, tive um tempo valioso percorrendo as Escrituras: Romanos 12:12; Efésios 2:19-22, 1:15-23 e 3:14-21; até que me saltou da Escritura Filipenses 3:12-15:

"Não que já a tenha alcançado ou que seja perfeito; mas prossigo para alcançar aquilo para o que fui também preso por Cristo Jesus. Irmãos, quanto a mim, não julgo que o haja alcançado; mas uma coisa faço, e é que, esquecendo-me das coisas que atrás ficam e avançando para as que estão diante de mim, prossigo para o alvo, pelo prêmio da soberana vocação de Deus em Cristo Jesus. Pelo que todos quantos já somos perfeitos sintamos isto mesmo; e, se sentis alguma coisa doutra maneira, também Deus vo-lo revelará".

Por meio desse texto o Senhor disse que estava estabelecendo um novo tempo em minha vida, um tempo de maturidade. Além disso caminhando por Colossenses 3, onde ele me deu um novo entendimento sobre o servir a Cristo de todo coração.

Então, fui conduzida pelo Espírito Santo à minha biblioteca procurar um livro, meu olhar foi de encontro com um pequeno, velho, mas poderoso livro chamado "Ide às Nações- A Igreja Cumprindo o Seu Propósito" escrito pelo missionário Flavio Guaratto. Reli os capítulos 1, 2 e parte do 3 e então o Espírito Santo começou a me fazer lembrar daquelas situações onde o dialogar com Deus me traz esperança e comecei a ver minha vida como um filme desde o meu nascimento, tanto no natural como no sobrenatural.

Neste ano de 2019 no mês de Maio, fechando um ciclo de minha vida e escrevendo minhas metas para os próximos anos, cri no que diz a Palavra: "Confia ao Senhor as tuas obras, e os teus desígnios serão estabelecidos" (Provérbios 16:3). Então decidi fazer uma pequena viagem.

Ali naqueles preciosos lugares: Pousada do Rio Quente e Caldas Novas, que tem histórias com minha família e sendo hóspede de uma adoradora sábia, filha amada do Senhor, entendi que se tratava de uma viagem missionária. Fui então desafiada de maneira ousada a colocar em palavras experiências que tem transformado meu entendimento e consequentemente a minha vida.

E assim o fiz, e pela graça de Deus hoje você tem em mãos esse material, que são os frutos de uma vida entregue a Ele, de muitos momentos passados juntos e de uma busca constante por inspirar e abençoar, mas principalmente por alegrar o coração de Deus.

CAPÍTULO 09

RESTAURAÇÃO NAS FINAN-ÇAS

Nas buscas intensas no meio do mar da aflição, em meio a um longo processo de 8 anos de divórcio litigioso, tentando me reerguer comecei a estudar na Bíblia a respeito de dinheiro, e um dos primeiros momentos marcantes foi quando participei de algo chamado "Corrente do Coração".

Um curso importante realizado em nossa Igreja e foi ministrado que colocássemos cinco pedidos, e os escrevi e um deles era para experimentar uma Restauração Financeira. Eu carregava esses pedidos escritos em um pedaço cartolina em forma de coração, dentro da Bíblia que guardava em meu carro.

E minha primeira atitude foi, mesmo com dificuldade, começar a honrar ao Senhor com os dízimos. Obtive esse entendimento após uma conversa com uma irmã que é médica e trabalhava na Unidade de Saúde chamada São Jorge, onde tive momentos surpreendente e encorajadores neste recomeço de caminhada.

Tivemos poucas, mas especiais conversas nos momentos do nosso cafezinho, que também foram verdadeiros confrontos com minhas crenças e religiosidade. Mas me rendi e fui desafiada a ter fé, tudo isso ocorreu logo após eu ter desistido de ir embora para o Pará buscando uma melhor vida financeira.

Nesse período eu participei de vários cursos, muito importantes para meu amadurecimento, e um que foi realmente esclarecedor na área das finanças foi um chamado Crown da Universidade da Família, em que estudamos biblicamente o dinheiro por treze semanas.

Outro curso que menciono, aconteceu em setembro em nossa igreja e foi ministrado pelo Pr. Arão Henrique Xavier, onde aprendemos princípios bíblicos para prosperidade financeira especialmente listados em um livro de sua autoria chamado: "Cadê a Vaca Gorda?". E Deus é minha testemunha de como queria viver de forma diferente, de como me derramava ao Senhor nas madrugadas para ser instruída e ajudada pelo Senhor nessa área.

Lembro que recebi nesta época uma palavra que nas brigas por minhas vontades tenho profetizado para mim mesma e para outras irmãs: "Entrega o teu caminho ao Senhor, confia nele, e o mais ele fará" (Salmos 37:5). Eu precisava crer que tudo passava por um processo de cura e libertação nessa área e que seria por meio da prática diária que as coisas realmente mudariam em minha vida. Eu precisaria apenas entregar e confiar.

Como já contei anteriormente, me casei jovem, e sempre em busca de um maior conforto financeiro mudamos em família para várias cidades e até de país, mas a verdade é que eu nunca cheguei a ganhar o que eu imaginara na Odontologia. Não era por falta de trabalho, pois eu trabalhava muito, até nas madrugadas, mas não conseguia alcançar a tão almejada prosperidade financeira.

Então, fiquei sabendo que teria um Seminário de Restauração Financeira com o Apóstolo Jesher Cardoso na mesma Igreja Luz do Mundo. E foi uma semana intensa pois ali estava se desenrolando um processo de mudança profunda sobre obediência e submissão.

Fiquei impactada com o seu testemunho, de quando ele desejou ardentemente alinhar sua vida com os propósitos de Deus e no penúltimo dia nos contou sobre os preparativos para o casamento de sua filha, ele disse ela desejava um casamento de princesa, mas que na época não tinha nenhuma condição de promovê-lo.

E assim ele foi compartilhando os detalhes, dentre eles um muito bonito como o vestido da noiva que foi comprado como presente por uma pessoa em outro país, que sequer tinha suas medidas, mas que quando vestiu ficou perfeito e ele mesmo nos disse: "ficou perfeito pois o Espírito Santo conhece até mesmo nossas medidas! ". Também contou testemunhos sobre muitas provações nessa área que o levaram a ter autoridade.

"Porque Sou Eu que conheço os planos que tenho para vocês, diz o Senhor, planos de fazê-los prosperar e não de lhes causar dano, planos de dar-lhes esperança e um futuro".

Jeremias 29:11

"Que sua felicidade esteja no Senhor e Ele lhe dará o que seu coração deseja"

Salmos 34:4

Conforme eu ouvia aqueles testemunhos e aprendia sobre esses princípios eu disse: "Senhor, eu quero ter experiências nesta área". Então, no último dia, 30 de junho de 2005, antes da nossa Santa Ceia foi distribuído um papel azul onde iríamos escrever algo que gostaria de ter de material e eu fui logo escrevendo o que eu estava desejosa um carro zero, não importa qual marca, mas que fosse econômico no consumo de combustível.

Isso porque na época eu tinha um corcel branco amassado na porta, com os pneus carecas e problemas de vazamento de óleo do motor e havia decidido doar ao meu irmão caçula que estava noivo e iria se casar. Então o pastor disse: "agora vocês vão receber um papel rosa/ avermelhado e Deus vai falar com cada um de vocês". Aí começaram as loucuras sucessivas.

Semeando no Reino

Primeiro o Senhor requereu aquele carro corcel, me dizendo: "Rossana eu quero o carro que você está usando para a construção da igreja". A verdade é que eu não sabia de nenhuma igreja que estava sendo construída naquele momento. Eu perguntava o porquê e o ouvi claramente: "para a expansão do Meu Reino e Minha Justiça" (Mateus 6:16-34).

Eu tentava argumentar que já daria ele ao meu irmão e num diálogo bem acalorado Ele me deu uma palavra em Mateus 6:33. Mesmo assim eu dizia: "O que farão com um carro velho desse?", então o escutei de forma audível: "Minha filha, não é assim que muitas vezes recebo meus filhos e filhas no meu altar, com o motor quase fundido? ". Achei graça e relaxei decidindo obedecer.

Entendi que, melhor obedecer do que sacrificar, e recebi essa palavra no meu espírito no profundo do meu coração e com isso o Espírito Santo acrescentava: "Faça a boa, agradável e perfeita vontade de Deus e não a sua". Mas mesmo assim as coisas pareciam não dar muito certo. Os dias passaram e eu estava num projeto muito grande, finalizando um curso no Sebrae e quando estávamos para lançá-lo no mercado tudo desmoronou.

Minha sócia na época disse que estava se mudando de Uberlândia e estava frustrada, eu havia feito até um postal comemorando 20 anos de Odontologia, cheia de esperança da mudança em minha vida na área financeira.

Até que no meu tempo a sós com Ele no meu quarto eu perguntei: "por que tudo isso, Senhor?" Depois de muitas horas ali prostradas no chão, chorando, quebrada, com o dia quase amanhecendo, ouvi uma voz que dizia: "Feche o consultório!".

Eu de imediato comecei a repreender, expulsando a satanás, pois estava dialogando com meu Pai. Até que aquela "Voz" inconfundível me disse: "SOU EU, minha filha". Nesse momento eu desmoronei e disse: "Pai, agora que eu finalmente estava vendo uma luz na escuridão. Não está me convencendo e eu vou ficar aqui até ser convencida".

Então, permaneci ali por muitos minutos em profundo silêncio, que só Ele poderia me levar. E eis que veio uma pergunta em minha mente: "Daqui 10 anos como você vai estar?" E eu fui logo respondendo que não sabia, não era onisciente nem onipotente. E depois de mais alguns minutos refletindo me veio uma resposta que me deixou estarrecida: "Você, minha filha estará da mesma maneira que está hoje".

Eu fiquei perplexa e já fui dizendo: "Pode me dizer o dia que eu tenho de fechar o consultório". E Ele continuou e me disse: "Você vai fechar o consultório e doar esse carro para mim". Eu pensei: "Pronto, vou ficar sem consultório e a pé, quer que eu feche o consultório e fique sem carro também?". Então, fechei os olhos e consegui dormir um pouco.

Estava convencida de que era o que tinha que fazer, mesmo assim fui buscar conselho com o meu pastor Vanderley. Como ainda minhas emoções não estavam tratadas, e como ele também exerce a função de cirurgião dentista depois de conversarmos pediu para eu pensar melhor e eu irresoluta dizia: "Deus quer assim". Busquei em oração, leitura da Palavra e como na história de Gideão pedi sinais visíveis.

Assim, em novembro depois de ter ido num aniversário evangelístico de uma irmã com minha pastora Cristina, ela me convidou a ir até a sua casa onde aconteceria uma reunião com alguns líderes. Fui e lá ouvi quando disseram sobre um leilão para arrecadar fundos para o início da construção da Igreja Cristã Sal da Terra Cidade Jardim. Fiquei sabendo o dia desse leilão e então o Pai me direcionou: "Um dia antes feche o consultório e no dia me entregue o carro".

E assim sucedeu, comecei os preparativos e ainda que tivessem opositores e incrédulos, "plantei".

"Há quem dê generosamente e vê aumentar suas riquezas. Outros retém o que deveriam dar e caem em pobreza. O generoso prosperará e quem dá alívio aos outros, alívio receberá".

Provérbios 11:24-25

A autoridade proveniente da Obediência

Dias depois, quando o despachante veio até minha porta para tratar da transferência do carro, dei meu testemunho e ali mesmo no portão, ele se tornou um irmão em Cristo, me disse que ele e sua esposa tinham também dons a receber e propósitos a cumprir. E eu aprendi o valor da obediência e do testemunho.

Quando fechei o consultório e para cumprir com minhas obrigações trabalhistas tive que fazer um empréstimo e até o gerente do banco me dizia: "quero ter uma fé assim, ore por mim".

Muitas respostas sobrenaturais e presentes, não esperados, vieram. Em fevereiro de 2006 comecei a trabalhar na clínica de uma colega que depois se tornou uma grande amiga, a Vicivone. Ela me chamou e perguntou o porquê de ter fechado o consultório e eu dando o meu testemunho, me ouvia atentamente. Depois convidou-me a trabalhar e sem nunca eu ter pago nenhum aluguel, ainda me oferecia o uso do telefone e a sua auxiliar. Foram muitos os "cuidados" de Deus na minha vida, inclusive naquele mesmo ano ganhei do Pai, através dos meus pais, até mesmo uma cirurgia plástica que desejava havia mais de seis anos.

Mas também houve um tempo de espera. Em meio às dificuldades inerentes, e com uma filha adolescente que me questionava: "Mãe, não estou aguentando andar a pé", eu perguntava no meu espírito: "Qual o tempo da colheita? Como preparar o solo? Vou embora de Uberlândia? O que o Senhor quer fazer?". Até que, em agosto ganhei um carro que também paguei de maneira nada convencional. Presentes do Pai.

Dessa maneira eu tive minha oração respondida, eu

de fato "tive experiências nessa área" e vivi de forma nítida a provisão de Deus, e tudo começou quando eu decidi entregar, confiar e obedecer a direção que Ele me deu. Nosso Deus supera sempre nossas expectativas e nos supre em todas as coisas. Hoje, ele me tem concedido recursos não só para uma vida mais confortável, como para ser uma investidora em seu Reino.

CAPÍTULO 10

A MINHA GRAÇA TE BASTA

"E disse-me: A minha graça te basta, porque o meu poder se aperfeiçoa na fraqueza. De boa vontade, pois, me gloriarei nas minhas fraquezas, para que em mim habite o poder de Cristo".

2 Coríntios 12:9

Entretanto, nem tudo foi respondido da maneira agradável, em 28 de novembro de 2006, assinamos a separação judicial e entendi que Deus não remenda coisas, ou situações quebradas, faz novo e ainda acreditando fiz a escolha de ser o sacrifício vivo.

Aquele foi um tempo de luto, de jejuns, as circunstâncias da vida estavam difíceis e Ele me dizia para não olhar para elas, mas olhar para o Senhor. Mas como Pedro, tirei os olhos de Jesus e me vi afundando muitas vezes. Eu declarava sem ver nenhuma mudança e em meu espírito apenas uma palavra ecoava: ESPERA. Essa palavra me sustentava e me fortalecia nesses momentos que não foram nada fáceis para mim.

Eu sabia que Deus tinha um propósito para aquele

tempo e um deles era me conformar à Sua imagem. Eu ouvi Dele em uma madrugada que há níveis de fé, e que eu me aquietasse porque meu caráter estava sendo trabalhado.

"Sabemos que todas as coisas cooperam para o bem daqueles que amam a Deus, daqueles que são chamados segundo seu propósito. Porquanto aos que de antemão conheceu, também predestinou para serem conformes à imagem de seu filho, a fim de que Ele seja o primogênito entre muitos irmãos."

Romanos 8:28-29

"Estou plenamente certo de que aquele que começou boa obra em vós há de completa-la até o Dia de Cristo Jesus."

Filipenses 1:6

"Pois somos feitura dele, criados em Cristo Jesus para as boas obra, as quais Deus de antemão preparou para que andássemos nelas."

Efésios 2:10

Deus estava me martelando, limando, esculpindo, e me dando uma nova forma e tenho certeza que esse era um trabalho duro e que só as circunstâncias desfavoráveis propiciavam, tudo isso exigia de mim um entrega cada vez maior, mas estava valendo a pena. Ele estava me ensinando coisas que eu desconhecia, lições práticas que me formaram como cristã.

O cuidado de Deus

A primeira coisa que esse tempo me ensinou é que não

estava entregue à própria sorte, eu tinha um Pai e Ele estava cuidando de mim.

"Pois Eu sou o senhor teu Deus que te toma pela tua mão direita, e te diz: Não temas eu te ajudarei."

Isaías 41:13

Em momentos passados, quando eu ainda era rebelde e me sentia abandonada, uma Palavra ficava reverberando em minha mente: *"Pai, por que me abandonaste?"*. Até que um dia compreendi o que se passou naquele agonizante momento na Cruz.

"Cristo nos resgatou da maldição da lei, fazendo-se maldição por nós, porque está escrito: Maldito todo aquele que for pendurado no madeiro."

Gálatas 3:13

Ali Jesus estava com todas as nossas transgressões sobre Ele, pecados e iniquidades que o faziam maldito naquela hora. Por isso, o Pai de fato o abandona, pois Deus não tem parte com o pecado. No entanto, ama o pecador e sempre estará de braços abertos para receber aqueles que se arrependem e confessam seus pecados.

Nesse tempo fui confrontada inúmeras vezes: "Rossana leva à sério a Palavra, o sangue de Jesus é precioso". Nosso Pai, tem me chamado constantemente à uma vida de intimidade e santidade que vai extirpando esses sentimentos de abandono que são fruto de uma vida não "conformada" aos moldes da Palavra de Deus.

Renovação da Mente

Outra coisa que eu tive de aprender de maneira sacrificial foi "conformar" minha mente à Palavra de Deus. Eu tinha muitos conceitos, muitas estruturas, algumas até "nobres", mas que refletiam uma mente carnal. Eu precisava urgentemente aprender a ver as situações sob o prisma do Espírito Santo.

Por isso eu guerreava e ainda milito diariamente contra as obras da carne, buscando o fruto do Espírito: amor, alegria, paz, longanimidade, benignidade, bondade, fidelidade, mansidão (como preciso), domínio próprio. Crendo que não mais vivo eu, mas Cristo vive em mim.

Precisei entender que precisava entregar minha vida em sacrifício vivo a Ele. Batalhar pelo território da mente e declarar minha sujeição ao Senhor e resistência ao diabo que o tempo todo tentava e tenta me tirar do propósito.

"Confia no Senhor de todo o teu coração e não te estribes no teu próprio entendimento. Reconhece-o em todos os teus caminhos, e ele endireitará as tuas veredas."

Provérbios 3:5-6

Eu precisava escolher diariamente confiar que Deus sabia o que era melhor para mim e para minha família e lutar por isso, e umas das armas que eu encontrei para vencer minhas guerras foi a adoração.

Adoração

Essa foi uma arma que trouxe transformações poderosas em mim. A primeira canção que Deus me deu para entoar foi o descrito em Habacuque 3: 17-19:

"Ainda que a figueira não floresça, nem haja fruto na vide; o produto da oliveira minta, e os campos não produzam

mantimento; as ovelhas sejam arrebatadas do aprisco, e nos currais não haja gado, todavia eu me alegro no Senhor, exulto no Deus da minha salvação. O senhor é minha fortaleza, e faz os meus pés como os de uma corça, e me faz andar altaneiramente".

Eu profetizava isso e meu entendimento ia sendo renovado. Percebi que Deus não queria mudar as circunstâncias ao meu redor, Ele queria me mudar. Assim comecei a fazer viagens maravilhosas nos meus momentos de solitude. Fui pesquisar na Bíblia os Cânticos de homens e mulheres de Deus. Fui conduzida a Êxodo 15 em um cântico entoado por Moisés:

"Então, cantou Moisés e os filhos de Israel este cântico ao Senhor; e falaram, dizendo: Cantarei ao Senhor, porque sumamente se exaltou; lançou no mar o cavalo e o seu cavaleiro. O Senhor é a minha força e o meu cântico; ele me foi por salvação; este é o meu Deus; portanto, lhe farei uma habitação; ele é o Deus de meu pai; por isso, o exaltarei. O Senhor é varão de guerra; Senhor é o seu nome. Lançou no mar os carros de Faraó e o seu exército; e os seus escolhidos príncipes afogaram-se no mar Vermelho. Os abismos os cobriram; desceram às profundezas como pedra. A tua destra, ó Senhor, se tem glorificado em potência; a tua destra, ó Senhor, tem despedaçado o inimigo; e, com a grandeza da tua excelência, derribaste os que se levantaram contra ti; enviaste o teu furor, que os consumiu como restolho. E, com o sopro dos teus narizes, amontoaram-se as águas; as correntes pararam como montão; os abismos coalharam-se no coração do mar. O inimigo dizia: Perseguirei, alcançarei, repartirei os despojos; fartar-se-á a minha alma deles, arrancarei a minha espada, a minha mão os destruirá. Sopraste com o teu vento, o mar os cobriu; afundaram-se como chumbo em veementes águas. Ó Senhor, quem é como tu entre os deuses? Quem é como tu, glorificado em santidade, terrível em louvores, operando maravilhas?..."

Êxodo 15:1-11

E fiquei maravilhada ao perceber esse mesmo cântico

entoado em Apocalipse, segundo o predito por João:

"Vi como um mar de vidro, mesclado de fogo, e os vencedores da besta, da imagem e do seu número, que se achavam em pé no mar de vidro; tendo harpas de Deus; e entoavam o cântico de Moisés, servo de Deus, e o cântico do Cordeiro, dizendo: Grandes e admiráveis são as tuas obras, Senhor Deus, Todo-Poderoso! Justos e verdadeiros são os teus caminhos, Ó Rei das Nações! Quem não temerá e não glorificará o teu nome, Ó Senhor? Pois só tu és santo; por isso, todas as nações viram e adorarão diante de ti, porque os teus atos de justiça se fizeram manifestos".

João 15:2-5

Também vi o cântico entoado por Débora e de como Deus a impele a adorar: *"Desperta, desperta, Débora, desperta, desperta, entoa um cântico..." (Juízes 5:12).* E sabendo que ela é uma representação da igreja, há um ministério Inter denominacional chamado "Desperta Débora" do qual faço parte há anos e o principal objetivo é orar pelos filhos biológicos, adotivos e espirituais para que fiquem de pé e cumpram com o chamado de Deus em suas vidas. Seu lema é: "Mães e pais de joelhos e filhos de pé". Sempre adorando a esse Deus Pai Poderoso e Maravilhoso!

Passei também pelos Cânticos entoados por Davi, que tem uma história marcada pelo louvor e a adoração, além de Cânticos entoados por outros servos do Senhor como Isaías (Isaías 42: 10-12), Jeremias (Jeremias 20:13 e Lamentações). Joel (Joel 2), Maria- mãe de Jesus (Lucas 1:46-55), Zacarias (Lucas 1: 67-79), Simeão (Lucas 2: 25-32), e a Igreja primitiva onde os santos elevavam cânticos de todo coração á Deus expressando gratidão pelo seu poder redentor através do Seu Filho amado Jesus, o Cristo.

Entendi então, que nós os crentes também devemos tributar louvores em adoração pelo seu imensurável amor por nós. Deus considera o louvor como sacrifício santo a Ele:

"Por meio de Jesus, pois, ofereçamos a Deus, sempre sacrifício de louvor, que é o fruto de lábios que confessam seu nome".

Hebreus 13:15

Por isso, não deixemos de adorar, pois os tempos difíceis são oportunidades de intensificarmos ainda mais nossos louvores a Ele declarando nossa confiança e sendo fortalecidos em nossa fé.

O Testemunho

Por fim, esse tempo me ensinou o poder do testemunho. No final de setembro de 2007 fiz um jejum como Daniel de 21 dias e assim que o jejum acabou fui pedir perdão, confessando meus pecados e arrependida ao ex-marido. Foi um dia muito difícil, mas foi libertador e curador.

Outra coisa que aconteceu nesse período foi com relação ao ministério de Profeta. No início fiquei muito resistente, o Senhor me dava palavras para entregar para as pessoas e eu questionava. Minha amiga e pastora Cristina até me emprestou um livro da Cindy Jacobs e quanto mais eu lia mais amedrontada ficava. E devido a "profetadas", como dizia o Pr Vanderley, deixei isso de lado.

Mas em 2011, alguns integrantes do Voice of The Light Ministries, que treina e equipa guerreiros de Deus em mais de 40 países vieram e tivemos a chamada Escola do Sobrenatural e diante de uma Profeta madura e transbordando do Espírito Santo conversei e disse que eu havia recusado de Deus um chamado e perguntei: O que faço agora? Eu quero obedecer a Deus.

Ela disse simplesmente: *"arrependa-se e entregue-se nas mãos do Senhor".* E logo após recebi uma unção de alegria.

Ah! Eu achei que seria só isso. Entretanto, vendo uma irmã que desenhava e pintava quadros proféticos, a Maria, e conversando disse que desejava muito um quadro para colocar no meu quarto de oração. Então ela fez e me deu de presente uma linda ilustração cheia de palavras proféticas escritas em inglês, que de algum modo tentarei retratar aqui:

"Você deve se levantar e resplandecer agora (Isaías 60:1-5) para que a luz do Senhor brilhe sobre você. Você subirá alto com asas como de águia (Isaías 40:31) e trará luz àqueles que estão na escuridão e esperança (arco-íris) para aqueles que estão em desespero. Você provocará o amor de Deus e luz para as nações - de perto e de longe —regozijando-se em sua benevolência e cantando (adorando- dançando) Seus louvores (virtudes, glória, atos poderosos). Muitos serão encorajados com seu testemunho de Bondade e Graça de Deus. O Espírito Santo irá te ajudar (Lucas 1:19) e ensinar o caminho a seguir (1 Pedro 2:9). Bençãos (Atos 1:8)".

Marie Crane

Naquele ano, devido a essas palavras acima e tudo o mais, foi mais um ano de muitas horas de leitura e meditação na Palavra. Tive a consciência que o Espírito Santo estava adentrando nas feridas do meu coração e mostrando algumas coisas que cansam ao Senhor, como incredulidade e rebeldia.

E entendi que precisava pedir perdão e realmente crer no que o Espírito Santo mostrava em sua Palavra sobre as transformações em meus sentimentos, Ele desejava-me ver cantando, saltando como corça e voando como águia. Eu sabia que essa era uma obra que só Ele era capaz de fazer, só Ele poderia mudar a minha história, pois somente sua cruz e seu sangue eram suficientes para apagar meus pecados.

Pedi ao Espírito Santo que Ele me ajudasse a escrever uma nova história. Que Ele me convencesse do pecado, da justiça e do juízo e que me levasse a perceber as raízes que deveriam ser arrancadas, para que eu finalmente experimentasse cura e libertação, com o fim de manifestar os atributos do Senhor em minha vida.

Vencendo pela Palavra

"Bendito seja o senhor Deus de Israel, porque visitou e redimiu seu povo, e nos suscitou plena e poderosa salvação na casa de Davi, seu servo, como prometera desde a antiguidade por boca dos seus santos profetas, para nos libertar dos nossos inimigos (minha arrogância, minha razão, meus argumentos, minha autocomiseração, minha justiça própria)".

Adaptação de Lucas 1:68-71

Foi assim orando a Palavra e adorando, em plena batalha contra meus inimigos pessoais que compreendi que estava em guerra e que só poderia vencê-los por meio da Palavra, assim como Jesus venceu satanás no deserto. Então, nesse dia eu fui ensinada a respeito de escudos, como armas de defesa:

1. Escudo da Exaltação - Quando o inimigo está vindo, tenha discernimento e declare: *"O Senhor é a minha força e o meu escudo; nele o meu coração confia, nele fui socorrido; por isso, o meu coração exulta e com o meu cântico o louvarei"* (Salmos 28:7).

2. Escudo do Refúgio - Jesus passa de maneira invisível e a declaração de fé e pela fé, faz com que o Senhor veja que estamos com armadura rasgada, furada ou amassada e os dardos inflamados lançados na região do coração fazem com que as pessoas fiquem feridas e debilitadas, despreparadas para a guerra. *"O caminho de Deus é perfeito a palavrado Senhor é provada; ele é escudo para todos os que nele refugiam"* (Salmos 18:30).

3. Escudo do posicionamento - É o escudo do corpo inteiro (Vide Salmos 91).

4. Escudo do Fogo - *"Pois eu lhe serei, diz o Senhor, um muro de fogo, em redor e eu mesmo serei, no meio dela, a sua glória" (Zacarias 2:5).*

5. Escudo da Segurança - *"Pois no dia da adversidade ele me ocultará no seu pavilhão; no recôndito do seu tabernáculo, me acolherá; elevar-me á sobre a rocha" (Salmos 27:5).*

6. Escudo do Renovo - *"Mas os que esperam no Senhor renovam suas forças, sobem com asas como águias, correm e não se cansam, caminham, mas não se fadigam" (Isaías 40:31).*

7. Escudo da Fé - *"Israel confia no SENHOR; ele é seu amparo e o seu escudo" (Salmos 115:9).*

8. Escudo da Vitória - *Nossa maior vitória é a salvação. "Também me deste o escudo de tua salvação, a tua direita o susteve, e a tua clemencia me engrandeceu" (Salmos 18:35).*

9. Escudo da Libertação -*"Ele envia as suas ordens à terra e sua palavra corre velozmente" (Salmos 147:15).*

O inimigo nos caça a todo momento, mas quando mergulhamos nas águas da adoração, ele nos perde, pois não tem mais "faro", os pecados vão para a cruz e o templo do Espírito de Deus é purificado. As emoções são controladas e o "escudo do livramento" alcança as nações. (Vide Salmos 59:1-5).

Armas poderosas Ele nos dá. A Palavra de Deus cumpre o propósito para qual veio. Devemos usar nossas mãos e lábios. Ele está à procura de adoradores que o adorem em espírito e em verdade e nos achegando a Ele podemos ter encontros face a Face com Deus. Aleluia!!!!

No novo desafio diário de submeter minha agenda aos cuidados de Deus, mas, na certeza que com isso estava caminhando rumo ao PROPÓSITO eu pedia que Ele alargasse minhas fronteiras, me preparei num Curso CAAM , pelo SEMAP na Assembleia de Deus e com os Pastores Jason e sua esposa, juntamente com outros irmãos em encontros semanais e fui à uma primeira viagem missionária pelo Projeto MERCOSUR da Igreja Sal da Terra ao Chile em La Serena.

Busquei direção, como não sabia quase nada de espanhol e preparei uns folhetos e o plano de salvação e comprei uma Bíblia trilíngue. Com coragem e ousadia no espírito em evangelismo nas ruas, praças convidávamos os novos convertidos eu tive esse grande privilégio de ver o agir do Espírito Santo agindo em mim de forma diferente. Eu mostrava os versículos, conversava pouco, e pasmem eles entendiam e faziam a oração de entrega e alguns iam cultuar ao nosso Deus nos locais preparados para recebê-los, juntamente com irmãos de vários países latino americanos. Tenho orações em espanhol desde esse tempo e aqueles dias continuam muito vívidos em minha memória. Ele é quem capacita os escolhidos.

CAPÍTULO 11

A ÚLTIMA CARTADA DO INI-MIGO

Apesar de todas aquelas experiências com Deus, nossas vidas não se resumem a apenas momentos de êxtase espiritual. Satanás se afasta e volta numa hora mais oportuna e se não estivermos vigiando, ele pode tentar roubar os sonhos e propósitos de Deus para nossas vidas. Ele nunca desiste.

Então, no ano de 2012 esse espírito de depressão e morte vieram me rondar procurando uma brecha e infelizmente acharam. Num tempo de muito deserto, em que estava frustrada, decepcionada, creio até mesmo com Deus, vieram uns pensamentos que sabia que não eram de Dele. Em um dia muito angustiante, mais uma vez, pensei e decidi que não valia a pena viver.

Com as emoções desestruturadas e a totalmente sem esperanças de um milagre de Deus quanto a restauração conjugal e familiar, pois tomara conhecimento que o ex-marido marcara a data do seu novo casamento, resolvi colocar em ação uma proposta do Tentador. Que foi a última.

Começaram a passar pela minha mente pensamentos

de que Deus não se importava comigo e nem me amava. Que eu não era amada por minha família e por isso não faria falta. Por isso, o diabo me trouxe a ideia de fechar todas as entradas de ar no meu apartamento e ligar o gás. E disse ainda que meu corpo seria encontrado seco; que ninguém teria trabalho nem para me enterrar.

E eu estava indo para realizar esse ato tão "insano" quanto o é aquele me sugeriu. Estava muito angustiada, já fazia meses que não ouvia nada vindo de Deus. Até que por sua misericórdia ouvi: "Você não vai morrer". E no mesmo instante tive uma visão em que eu estava toda machucada em uma cama.

E continuou: "Você ainda não vai morrer, porque não cumpriu o Meu PROPÓSITO". Então, pela primeira vez, não liguei para ninguém. Só entrei no meu quarto e comecei a chorar arrependida pedindo para que o Senhor me ajudasse porque eu já não tinha mais forças para lutar.

E não sei se desmaiei ou se adormeci, o que lembro nitidamente é que despertei quando amanheceu e ouvi novamente: "Abra a janela". Eu obedeci e vi o céu azul com um sol maravilhoso e as nuvens tenebrosas se foram.

O processo de Cura

E com essa busca por cura eu fui conduzida através da orientação de minha pastora e amiga Cris a participar, mesmo que fosse dos últimos momentos, de um congresso de mulheres chamado "Eu me deixo curar", promovido pela MCM (Missão Cristã Mundial) na Igreja Cristã Árvore da Vida, onde conheci as Pastoras Moaby e Juliana Rodrigues.

Também conheci ministrações com testemunhos e livros da Pra Nilce Sousa, e um dos mais marcantes está descrito em um de seus livros "Desafios da Águia-- Vida Cristã

1", ali eu li algo que ficou impregnado em mim. —"Quando a águia está cansada, ela plaina", algo que ela escutou do próprio Deus enquanto participava do Curso Intensivo na MCM alguns anos antes.

Neste mesmo ano de 2012 no mês de setembro, enquanto eu fazia meus planos para 2013 sentada em uma cadeira de balanço, vivendo altos e baixos na área emocional eu perguntei ao Pai o que deveria fazer, pois aquele ano estava sendo um daqueles dificílimos e estava desanimada e brigando com muitas pessoas. De algum modo eu queria novamente crer na força sobrenatural, mas só vivia o natural, parecendo que eu estava retrocedendo e ficando distante.

Louvado seja o Senhor, pois eu O tinha posto como meu Planejador Principal! E mesmo passando dias e dias numa letargia, Ele não se esquecera de mim. Eu diariamente voltava do trabalho e me sentava naquela cadeira e as horas iam passando naquele ritmo, foram dois meses de completo silêncio, até que em uma noite Deus começou a me falar: "Dá-me as primícias desse novo ano".

A princípio eu não entendi muito bem, mas então Ele me disse: "Eu quero seu tempo, seus dias para mim, começando no dia 02 de janeiro". Senti Ele me desafiando a algo novo e busquei na minha prateleira o livro da Pra. Nilce Sousa e comecei a reler aquela parte que fala sobre a águia planando e ouvi Deus me dizendo: "Vá a esse curso!". Acessei o site que estava na contracapa do livro e vi lá que o curso iniciava em 02 de janeiro de 2013.

Uma experiência transformadora

Fiquei muito entusiasmada e convidei algumas irmãs para ir comigo de carro, mas não tive companhia. Saí de

Uberlândia e fui conversando com Deus até chegar na cidade de Trindade, Goiás. Foram dias tremendos, de revelações, adoração, cura e chamado diário a orar pelos povos ainda não alcançados pelo amor de Deus.

E já no quarto dia, por meio de um Ministério de adoração chamado "Tomados pela Glória", Deus foi falando e me batizando com fogo como está em Lucas 3:16, onde minhas mãos, pés e cabeça ficaram aquecidas de forma transformadora.

Com um despertar de Deus sobrenatural, fui designada a ir ajudar outras irmãs a também serem levantadas. Recebi uma unção de dança profética e foram dias que provei que a Bíblia é um tesouro incomparável que nos proporciona profundos conhecimentos, relacionamentos e aprendizados por meio da grande família de Deus.

E como prometido fui plainando com asas como águias, subindo e não mais apenas em alguns momentos, mais dias dialogando Face a Face com Deus. Além disso, recebi dom de curas emocionais e físicas. E depois permaneci mais 10 dias onde realmente fui ministrada pela Paternidade de Deus.

Lá dois projetos me impactaram: Meninas dos Olhos de Deus e a Perfuração de Poços no norte do Quênia, junto as tribos Turkanas. Ali ouvi com muita autoridade a respeito dos Atos de Justiça, comprei livros, ministrações e uma "bonequinha" que representava uma nepalesa. Depois, ela ficava pendurada no espelho retrovisor do meu carro, me lembrando diariamente para interceder por esse projeto que está implantado em alguns países.

Enfim, voltei desejosa de não ter somente Jesus como Salvador, Senhor, mas como Meu Amado Noivo. Tive uma "metanóia" profunda em todas as áreas de minha vida.

"Portanto, se fostes ressuscitados juntamente com Cisto, buscai as coisas lá do alto, onde Cristo vive, assentado à direita de Deus. Pensai nas coisas lá do alto, não nas que são aqui da terra; porque morrestes, e a vossa vida está oculta juntamente com Cristo, em Deus...Quando Cristo, que é a nossa vida, se manifestar, então vós também sereis manifestados com Ele, em glória".

Colossenses 3:1-4

CAPÍTULO 12

ÁGUIAS GUERREIRAS

Assim após todas essas coisas, depois de todas essas experiências que tive com o Senhor, voltei para casa fortalecida e plenamente convencida de que Deus estava estabelecendo um novo tempo em minha vida. Senti o Senhor se mover em minha vida, no sentido me fazer uma águia para Ele. Reli livros e estudos bíblicos à respeito da águia iniciados há muitos anos atrás quando participei dos chamados "ramos de convivências", um estudo bíblico semanal nos lares, que foi coordenado por uma irmã, hoje presbítera Vera Gatti que demonstrava muita autoridade na área de Libertação e Cura Interior.

Nosso ramo, curiosamente se chamava "Olhos de Águias" e foram encontros que deixaram indeléveis marcas no meu espírito. Conforme transcorriam aqueles dias fui impelida a pesquisar e estudar mais sobre as águias na Bíblia Sagrada, como também estudar a vida delas, através de livros, vídeos e outros materiais.

Além disso, na passagém do ano de 2003 para 2004 recebi palavras na Escritura que passou a me nortear no ministério: *"Mas os que esperam no Senhor renovarão as forças, subirão com asas como de águias; correrão, e não se cansarão; caminharão, e não se fatigarão" (Isaías 40:31) e "O vento sopra onde quer, ouves a sua Voz, mas não sabes donde vem, nem para onde vai; assim é todo que é nascido do Espírito" (João 3:8).*

Chamada de "águia guerreira do exército do Senhor Jesus", pouco a pouco eu passava a tirar os olhos de mim e ampliar a minha visão a respeito do Reino de Deus, de modo que eu pudesse ser um instrumento de Dele na vida de outras pessoas.

Comecei a participar também das vigílias de oração e reuniões semanais de intercessão e, com autorização e cobertura dos meus pastores na época, passei a integrar um ministério de intercessão que promovia o MUCES (Mulheres Cheias do Espírito Santo) que aconteceu por alguns anos em Uberlândia.

E no último ano, tive uma experiência que me marcou ainda mais e me deu um novo entendimento sobre a dimensão o chamado Dele para minha vida. Na última oração feita pelo pastor Wissam Halawi, marido da Pra Denise, enquanto orávamos comecei a ter uma visão de um enorme ninho de águia com muitas aguiazinhas e ouvi a Voz que me disse: "Rossana, minha filha, hoje estou te dando uma nova patente: Capitã Águia Serva Amiga de Jesus".

Então, nesse momento fui embriagada pelo poder de Deus e com os braços abertos como de uma águia passei a percorrer todo aquele salão, até terminar derrubada e rendida pela glória de Deus. Aquela foi uma experiência inesquecível e passados alguns meses fui conduzida a buscar informações sobre qual o papel de "capitão" no Batalhão do Exército em Uberlândia fiquei novamente assombrada com a grandiosidade daquela experiência.

Nasceu então, no ano de 2008, o ministério

"Mulheres Águias" através da Pastora Andréia Magnino da Igreja Luz do Mundo e parceiras pastoras de muitas igrejas locais e eu continuei como intercessora que se estendeu sem interrupções por dez maravilhosos anos. Experiências que me deram oportunidade de ser testemunha ocular, ouvir de Deus, ter visões sobrenaturais, profetizar e presenciar salvação de milhares de mulheres. Pessoas curadas, libertas, restauradas em sua identidade em Cristo, bem como liberação de sonhos de Deus em vários aspectos, inclusive profissionais e ministeriais.

Ele me levou à África

Uma experiência incrível sucedeu no primeiro ano das Mulheres Águias. No momento do louvor e adoração, chegaram umas adoradoras com uns tambores e roupas coloridas e quanto mais adorávamos para que a glória e a manifestação da presença do Senhor viessem, mais eu ficava embriagada pelo Espírito Santo. Eu literalmente sentia como se já não tivesse mais ali naquela sala, me via na África vendo as mulheres e crianças dançando em indescritível alegria.

Quando estava naquele lugar de adoração exuberante, ouvi novamente a Voz que dizia: "Você vai à África". E neste momento a coordenadora do Ministério de Intercessão Pra Maria me apoiou e fui voltando ao lugar onde estávamos. O meu espírito, no entanto, estava em chamas. E pedi permissão e fui aos bastidores transbordando da presença do Espírito Santo e contei o que sucedera àquelas adoradoras e ali ficamos em orações e adoração por mais alguns minutos, e então, reassumi minha posição como intercessora.

No intervalo, aquela declaração inquietante não me deixava, eu perguntava como iria à África se não tinha férias e nem sabia sobre viagem alguma. E saindo para área de alimentação eis que uma irmã dentista me abordou toda feliz me dizendo: "Amada deixa eu te contar que meu marido e eu vamos como dentistas para a África dentro de poucos meses".

Nesse momento, senti de perguntar-lhes sobre a lista de necessidades para esse Projeto. Ela então, pegou meu e-mail e disse-me que iria enviar o vídeo e a lista. Entendi que naquele momento não iria fisicamente, mas abençoando o que estava nascendo aquele ano: "Missão África". E quando chegou a "lista", eu fui desafiada a obedecer da forma do Rei.

Naquele ínterim, eu estava separando alguns instrumentos, os melhores para vender devido a necessidades em minha vida decorrente de enfermidades e outras situações. E ouvi a Voz que me dizia que lesse aquela lista que Ele iria me direcionar. Eu até que tentava pensar logicamente, mas o Espírito Santo soprava em meu interior e eu ia separando as coisas para doar.

Assim do que eu tinha disponível, ficaram apenas 20% do material que eu pensava em vender, mas Deus é tão bom que me abençoou sobremaneira e eu fui à África por meio de minha entrega. Glória a Deus que também podemos fazer missões orando e doando, enquanto Deus levanta outros para ir levando todas as bênçãos, de modo que ambos são abençoados cumprindo a Palavra Dele.

E posso dizer que recebi nesse tempo precioso, como alguém que foi chamada e disse como Isaías: *"eis-me aqui, envia a mim"* e também vivenciou o que está escrito: *"Busquei entre eles um homem, que tampasse o muro e se colocasse na brecha perante mim, a favor desta terra, para que eu não a destruísse, mas a ninguém achei. " (Ezequiel 22:30).* Mesmo sem me achar capacitada, digo sempre: eis me aqui, Meu Amado Jesus!

CAPÍTULO 13

ÁGUAS PROFUNDAS

Em 2013 também estava fazendo um Treinamento chamado "Aprenda a Voar", com a Pra. Andréia Magnino, esse curso tinha como base o tripé: Livro de Provérbios, Vida das Águias e Psicologia Sistêmica. Quantos conhecimentos maravilhosos que aprendi e passei a desejar que muitas pessoas tivessem o privilégio de conhecer e praticar.

JOCUM

E em outubro do mesmo ano fiquei sabendo pela minha amiga Cláudia Maria, que começaria mais uma FMA (Fundamentos do Ministério de Aconselhamento) sob a coordenação da missionária Cristina Bettini na Base Missionária JOCUM em Almirante Tamandaré. Foram três meses onde pude ver Deus destruir o odre velho e ser tecida pelas mãos do Senhor em odre novo.

Confesso que quase desisti dessa Escola por duas

vezes, pois com dores profundas decorrentes de Fibromialgia e acontecimentos que me intrigaram mais e mais em relação a amizades e relacionamentos interpessoais. a tentação em retornar para meu aconchegante e tranquilo lar era grande.

As aflições pareciam que iam me consumindo e os temas tão profundos me faziam descer, descer e descer. Além do mais, os trabalhos de manutenção obrigatórios estavam quase sendo impossíveis de serem executados por mim. Entretanto o tema daquela Escola era: "O tempo de cantar chegou" e eu não estava disposta a perder o que Deus tinha.

Já fazia dois anos que constantemente eu fazia perguntas e buscava diligentemente conhecimentos e palavras reveladas, aguardando o "kairós" de Deus para ir realmente procurando entender quem eu era em Deus. Eu estava formatando a minha missão de vida e propósito de acordo com valores de Deus. Por isso tudo, mesmo em meio a prantos como no Vale de Baca e com minhas emoções descontroladas em alguns momentos, o Espírito Santo me sustentou e permaneci e me submeti a ser tratada.

Deus já vinha sinalizando que eu estaria vivendo grandes batalhas de dentro para fora na minha mente, coração e muito mais profundas ainda em meu espírito. E que castas de demônios enviados para tentar matar e destruir toda minha fé em Cristo Jesus estavam sendo trazidas por satanás e necessitava de muitos jejuns e oração. Não jejum de alimentos, mas de entregar toda fraqueza, carências emocionais na cruz e vigiar com está em Isaías:

"Porventura, não é este o jejum que escolhi: que soltes as ligaduras da impiedade, que desfaças as ataduras do jugo, e que deixes livres os quebrantados, e que despedaces todo o jugo? Porventura, não é também que repartas o teu pão com o faminto e recolhas em casa os pobres desterrados? E, vendo o nu, o cubras e não te escondas daquele que é da tua carne? Então, romperá a tua luz como a alva, e a tua cura apressadamente brotará, e

a tua justiça irá adiante da tua face, e a glória do SENHOR será a tua retaguarda. Então, clamarás, e o SENHOR te responderá; gritarás, e ele dirá: Eis-me aqui; acontecerá isso se tirares do meio de ti o jugo, o estender do dedo e o falar vaidade; e, se abrires a tua alma ao faminto e fartares a alma aflita, então, a tua luz nascerá nas trevas, e a tua escuridão será como o meio-dia. E o SENHOR te guiará continuamente, e fartará a tua alma em lugares secos, e fortificará teus ossos; e serás como um jardim regado e como um manancial cujas águas nunca faltam. E os que de ti procederem edificarão os lugares antigamente assolados; e levantarás os fundamentos de geração em geração, e chamar-te-ão reparador das roturas e restaurador de veredas para morar."

Isaías 58:6-12

Na Escola FMA (Fundamentos do Ministério de Aconselhamento) JOCUM em Almirante Tamandaré eu também, comecei a entender porque muitas vezes eu lia a Bíblia e não conseguia entender. Eu tinha problemas com figuras de autoridade.

Eu fui levada a um episódio de minha infância, onde uma amiga, mentoriada por um homem mais velho, me enganou e me colocou em uma situação séria de abuso, que graças ao cuidado de Deus não se consumou completamente, mas fez com que eu fosse bloqueada. Naquele momento entendi a visão em 2003 do véu sobre a palavra que a irmã Sônia tinha tido comigo.

Já havia passado tanto tempo, mas finalmente o que estava obscuro veio a luz, eu tinha uma forma distorcida de ver a Palavra de Deus, era como se um véu me impedisse, mas a partir daquele momento, daquele entendimento, daquela confissão eu comecei a receber discernimentos profundos das Escrituras.

Eu pensei ter chegado no meu limite, arrumei as malas e estava desistindo de terminar o curso, mas para minha surpresa fui convidada e desafiada a permanecer na base. Eu gosto de desafios e também creio que Deus vai nos dando pistas ao longo do caminho para nos conduzir ao lugar onde Ele quer que cheguemos. Além do mais, tenho aprendido que não fomos chamados à esterilidade, mas à operosidade da fé.

A Bíblia e o livro fundamental, Paredes do Meu Coração escrito pelo Dr Bruce Thompson, Deão da Faculdade de Aconselhamento e Saúde da Universidade das Nações, que foi e é sempre estudado, trabalhado por vários dias e de diferentes formas nesta Escola FMA (Fundamentos do Ministério de Aconselhamento), juntamente com o estudo do livro de Romanos me trouxeram revelações profundas. Uma lembrança de algo que foi um "rhema" em minha vida é que esse mesmo livro fora indicado anos anteriores, quando fui levada a fazer um jejum de palavras por três dias.

E ali tomei consciência que eu construíra barreiras em forma de paredes tortuosas ao redor do meu coração quando fui ferida sucessivas vezes e isto foi deformando meu caráter e sufocou por anos minha real personalidade. E entendi que Deus estava trazendo ferramentas para destruir aquelas paredes e me ensinando a lidar com traumas, abusos e frustações e com "Seu prumo" reconstruindo de maneira certa para que eu seguisse os caminhos do equilíbrio e estabilidade emocional. Ali compreendi com clareza o que significou a visão da irmã Clara no ano 2003: "pêndulo balançando".

Trazendo esperança como diz em Isaías:

Os que foram resgatados pelo Senhor voltarão; entraram cantando em Sião coroados de alegria sem fim. A tristeza e o lamento desaparecerão e eles ficarão cheios de alegria e felicidade.

Isaías 35:10

Esse tempo me conduziu a um novo nível de maturidade espiritual e emocional; foi um tempo de intimidade em adoração constante e me trouxeram ainda mais palavras reveladas.

Todo trabalho que nos foi delegado pelo Mestre será considerado valioso, conforme a alusão a ouro, prata e pedras preciosas ou como perda de tempo em alusão a madeira, feno ou palha (Vide 1Coríntios 3:12). A qualidade da obra de cada pessoa, ao final, será posta à prova por Cristo e nossa recompensa eterna, ou galardão pelos serviços feitos neste mundo dependerá da excelência bíblica que empregarmos na edificação da Igreja.

Nada dará mais prazer a Jesus do que a edificação de Sua Igreja. Portanto, aquele que se vê como odre escolhido, deve ter como objetivo maior de estar no centro da vontade de Deus, sendo provado na fornalha da aflição e batizado no fogo e assim alcançar o alvo.

Agindo assim não ficaremos despontados com Jesus e principalmente Ele não ficará desapontado conosco. Nossos corações se encherão da responsabilidade do IDE e em compromisso veremos a Noiva adornada, sem ruga ou mácula.

"Levanto-me para adorar, ponho-me de pé para saudar o Rei de todas as eras, Cristo Jesus é o seu Nome. Clamo a ti, Rei Jesus cumpre Teu desejo em mim. Acenda a chama e faze de mim uma "carruagem de fogo". Vem e toma o controle de toda a minha vida Senhor Jesus Cristo, sê tudo para mim."

Um passo adiante

Me via assentada nas regiões celestiais e ao mesmo tempo via uma criança assustada, encolhida numa fenda, uma espécie de cativeiro e depois me foi revelada outra visão de eu estar numa casa abandonada como aquelas de beira mar com vidraças quebradas e sem portas para proteção. Fui ministrada em minha criança interior e recebi conhecimentos e estratégias em Deus que foram simplesmente maravilhosas!

Naquele lugar o Senhor também usou a missionária Tetiana Fedorava da Ukaraine- Georgia, que esteve comigo como companheira de quarto de orações e foi também abraço consolador. Ela me entregou um papel quadriculado com um desejo de um grande coração com um buraco nele e ao lado um prumo.

Sair da imaturidade, lidar com os mistérios de Deus, ser curada das feridas e daquele buraco negro que havia dentro do meu coração, como a irmã desenhou e me entregou junto a algumas perguntas e um presente, eram coisas irreais para mim.

Ao permanecer na base missionária JOCUM outras revelações vieram e fui sendo restaurada na minha integridade sexual e emocional. Recebi a visão de Deus de outras bênçãos e entendi da parte de Deus que me seriam alargadas as fronteiras, em meu tempo de meditação na Oração de Jabez:

"E foi Jabez mais ilustre do que seus irmãos; e sua mãe chamou o seu nome Jabez, dizendo: Porquanto com dores o dei à luz. Porque Jabez invocou o Deus de Israel, dizendo: Se me abençoares muitíssimo e meus termos amplificares, e a tua mão for comigo, e fizeres que do mal não seja aflito!... E Deus lhe concedeu o que lhe tinha pedido."

Quero trazer aqui, um roteiro dado pela nossa líder Cristina Bettini, uma direção que Deus deu a ela e que fomos orientados a utilizar, se chama: "UM DIA A SÓS COM DEUS":

I- Propósito do dia

1-Tempo com comunhão com Deus prolongado

2- É preciso de tempo para se conhecer Deus.

A) Para uma perspectiva renovada

B) Oração

C) Examinar através da oração o que Deus tem ensinado a você até aqui

D) Interceder pelos entes queridos

E) Por direcionamento para desfrutar da presença de Deus

II- Como obter o máximo de efeito durante este tempo:

1-Ache um lugar tranquilo

2-Leve sua Bíblia, caneta, papel e qualquer outro material, uma biografia, violão, lanches etc.

3-Aquiete seu coração, peça ao Senhor para abençoar este tempo e gaste algum tempo esperando no Senhor (Isaías 40:31). Perceba Sua presença em você e com você. Seria bom fazer os passos de intercessão, para limpar seu coração e se concentrar no Senhor.

4- Adore ao Senhor.

5- De acordo com a perspectiva recebida na presença Dele, ore por outras pessoas no ministério de aconselhamento e ajuda. Ore por outros que você sabe estão necessitando desse ministério. Deseje para elas o que o Senhor mostrou para você.

6- Ore por você mesmo.

A) Qualquer decisão que você tenha que tomar (João 4:34)

B) Considere seus objetivos principais à luz da vontade de Deus para sua vida.

C) Faça alguns compromissos específicos e

estabeleça alvos.

D) Escreva o que Deus mostrou a você.

"Entrega o teu caminho ao Senhor e Ele dirigirá os teus passos"

Questões a se ponderar (Atos 9:5-6)

1 - Quem é Deus para mim? O que queres falar comigo hoje sobre Sua pessoa?

2-Como me vês?

3- O que queres que eu faça?

Esse é apenas um roteiro, mas que pode ser de grande valia para você que deseja ter diálogos mais profundos com Deus, um tempo a sós com Ele e espero que traga sobre sua própria vida uma nova perspectiva sobre sua vida devocional. Uma ferramenta para que não se perca ou permita distrações nesse tempo de qualidade e intimidade com o Pai. Obviamente haverá momentos em que falará de forma mais livre.

CAPÍTULO 14

NA VINHA COM O AMADO

Comecei o preparo desse dia e a seguir aquele plano de oração e Deus começou a descortinar algumas verdades. Ele me deu uma palavra que está no Livros de Cantares de Salomão:

"Os teus lábios são como um o fio da escarlata, e o teu falar é doce; a tua fronte é qual pedaço de romã entre as tuas tranças".

Cantares 4:3

E também no livro de Josué, capítulos 2 e 3, onde se conta a história de Raabe, uma prostituta que vivia na cidade de Jericó, mas que foi profundamente usada para trazer livramento ao povo de Deus e consequentemente teve sua vida e a vida dos seus amados poupados pelo Senhor. Deus estava dando uma oportunidade não só à aquela mulher, como a toda sua descendência. Tudo o que ela precisava fazer era estender na janela da casa "o fio de escarlate". Repare que ele também é citado no texto acima em Cantares, e é uma clara alusão ao sangue de Cristo e sua obra salvadora.

No capítulo seguinte me trouxe dois versículos chaves, os quais compartilho aqui:

"... para que saibais o caminho pelo qual haveis de ir; porquanto por este caminho nunca passastes antes. Disse Josué também ao povo: Santificai-vos, porque amanhã fará o SENHOR maravilhas no meio de vós."

Josué 3:4b e 5

Eu não sabia exatamente o que Ele queria fazer, mas sabia que precisava estar atenta a sua voz e obedecer a tudo conforme Ele fosse me revelando e assim fiz.

No dia anterior ao DIA A SÓS COM DEUS, havia sido domingo e fui cultuar nosso Deus em um lugar pela primeira vez a convite de uma das alunas. Lá o pregador veio de umas das cidades da redondeza e quando ele foi se apresentando, o Espírito Santo me disse: preste atenção porque amanhã você irá por aquele caminho.

E disse mais: no fim do culto pegue com ele um pequeno roteiro. Ouvi a Palavra e quando fui conversar com o pregador vieram muitas pessoas e ele rabiscou um roteiro. Após estar com meu pequeno "mapa" em mãos e entender que seria dirigida a um parreiral, voltei à base.

Nossa aventura juntos

Estava com meu carro próprio e fui autorizada a sair com ele já com todas as coisas dentro. Saí da Base JOCUM ao redor de 7:45hs com as primeiras direções recebidas. Agradeci, pois na multidão de conselheiros há sabedoria. E logo que saí do asfalto para a estrada de terra, o Deus Pai disse: "comece a marcar essa nossa aventura juntos".

Tive uma direção de ouvir o CD Adoração e orar Salmos 29:1. Parei depois de um tempo perto de um mato com o pisca alerta ligado devido uma bifurcação, tendo cautela para não ter nenhum acidente logo no início. E pedi direção, tentei ver o roteiro rabiscado e cri.

Mais adiante uma rotatória, e só aí então veio uma placa mostrando a direção. E aqui Deus trouxe uma lição: Deus disse: "Há momentos que você deve perguntar e ponderar. Lembra do irmão que ofereceu um outro caminho e disse que era mais fácil? Fiquei feliz de você ter preferido me ouvir ainda que tivesse que sujar o carro e desgastá-lo na estrada de terra."

Segui adiante, mas logo tive que parar, pois algo caiu de uma caminhonete. O objeto foi protegido pelo meu carro e se tratava de uma caixa preta. Um homem veio correndo, pegou a caixa e colocou no acostamento para abrir e verificar se nada estragara, era a caixa de ferramentas para seu trabalho, agradeceu e me deu novas orientações, seu nome era Sr. Valdeci.

Continuei até chegar em uma outra bifurcação para logo em seguida seguir a placa em duplicação que dizia: Estrada da Uva. Havia chegado na cidade de Colombo. Detalhe, eu nunca havia pisado naquele lugar antes. Lembra da palavra dada em Josué?

Cheguei em Colombo e espiei a terra, buscando obedecer às diretrizes que viam na minha mente e as fui executando. E então o Senhor mandou eu perguntar por Dona Severina e o Sr. Ivo e eu dando testemunho e falando de Jesus. E por fim numa casa de produtos agrícolas parei e conversei longamente com Sr. Mário, até sair rumo o destino proposto, onde agradecida ao Senhor comecei minha empreitada.

Fui novamente espiando a nova terra, buscando dados com minha visão de águia. E depois pedi informações onde era a sede. Cheguei na pessoa do Wagner, herdeiro da

3ª geração de viticultores. Ali começou outra história com Jesus: fiquei sabendo que os pais deles namoraram mais de 3 anos e estão casados há 33 anos. Também soube que ele tem duas irmãs casadas e uma já tinha um filho e estava esperando outro. Eu ia ouvindo as histórias daquela família e o Senhor me dizia: Sou um Deus de geração: Abraão, Isaque e Jacó, José.

Depois disso me levou a orar pela minha geração, meus ascendentes e descendentes. Por meus avós paternos; Olívio e Leontina; avós maternos Alcíon e Alzira; meus pais Warner e Maria Aparecida e meus irmãos Warner Junior, Wilson, Wanderson e descendentes. Também orei por meus filhos Bruno Yudi e Naira Emy.

Ouvi a história desses parreirais. Descobri que a viticultura naquele lugar havia começado há mais ou menos 100 anos, e começou como uma atividade familiar. Esse pedaço de chão era onde o Espírito Santo me trouxera para em solitude ouví-Lo e ter vários aprendizados.

Tempo de plantar

A primeira lição que Deus, o agricultor, queria que eu aprendesse era sobre o plantio daquelas vides. O Wagner todo entusiasmado foi me mostrando e explicando que primeiramente o solo precisava ser roçado, pois o mato ia brotando e para não contaminar e destruir o solo não colocam veneno. Depois eles buscavam um ramo e procuravam espécies de "olhinhos", que eram colocados dentro da terra, pois são esses olhos que levarão a nutrição necessária para o crescimento.

Ele me explicou que também havia uma outra forma que chamavam de "cavalo", que é um graveto mais robusto. Esse graveto é plantado e fica lá sem produzir nada por um ano. Só sendo monitorado. Depois com cuidado é cortado e nesse buraco se enxerta o ramo.

Eu logo questionei por que a opção do "cavalo" era a melhor, e ele na sua simplicidade respondeu explicando que apesar de ficar um ano sem produzir nada, ele está ali na terra criando raízes, um enraizamento muito intenso que dará suporte para que as produções sejam melhores.

O tempo da poda

Me explicou que o tempo de poda geralmente acontece em agosto, e dura cerca de vinte a trinta dias. Ele é feito usando uma ferramenta chamada de tesoura de poda. É necessário ir podando um a um dos locais onde nasceram os cachinhos de uva, cresceram as "bolotinhas" e amadureceram as uvas para serem colhidas.

A ceifa normalmente é em fevereiro. Essa qualidade de uva é chamada por eles de "pretinha" e é muito boa para vinho, suco e geleia. Aprendi com essas histórias que para seu plantio não se usam sementes como costuma ser com outros frutos, mas o que é plantado são galhos feios e aparentemente secos e sem vida, mas que guardam um enorme potencial dentro de si.

Ouvindo aqueles ensinamentos me pus e ler João 15 mais atentamente e percebi quão profunda e maravilhosa é a história que Jesus contou. Podia ver a mim mesma aos olhos do Pai, não como um galho seco, sem valor, mas como um galho que foi enxertado em Jesus e estava naquele tempo, como aquelas uvas verdes, mas a caminho do amadurecimento para servir de alimento e alegria.

Eu me via claramente nesse processo de transformação, avançando em discernimento e sabedoria, sendo alimentada e sendo preparada para alimentar a muitos, onde quer que o Pai me enviasse.

Perguntei se eu poderia plantar uma videira na sacada do meu apartamento. Ele perguntou: É quente lá? Essa qualidade de uva gosta de sol, mas não consegue se desenvolver em lugares de altas temperaturas. Entendi que para produzir preciso de "amenidade" e que o Fruto do Espírito estivesse bem desenvolvido, a afabilidade e domínio próprio e o amor ágape são meus desafios constantes.

Nosso jardim particular

Então, o Wagner me deixou ali e foi trabalhar em outro local, assim eu pude consultar o meu roteiro, abri minha Bíblia em João 15, que fala da videira e seus ramos e em outro maravilhoso texto de Isaías:

E o SENHOR te guiará continuamente, e fartará a tua alma em lugares secos, e fortificará teus ossos; e serás como um jardim regado e como um manancial cujas águas nunca faltam.

Isaías 58:11

Meu Pai é o Jardineiro e me percebi como um ramo vivo no jardim regado, como manancial cujas águas nunca faltam. E fui lembrando da história contada daquele parreiral onde eu estava sentada e percebi que o Espírito Santo queria me ensinar várias coisas e latejava em meu coração era a frase: *"Deus é o verdadeiro Senhor das quatro estações"*.

Eu permaneci ali por não sei quanto tempo, pois não levara celular ou relógio. Ao escutar o canto dos pássaros, O ouvia dizendo: "Não se preocupe, não temas". Ao sentir sede e apanhar minha garrafa, o escutei dizendo: "mulher águia, você é minha".

Aquele tempo a sós com Ele na vinha foi se tornando algo tão belo, tão significante para mim. Parei para reler e meditar na palavra que Ele havia me dado em Cantares 4 e percebi o pingente que minha amiga e Pra Cristina me deu de maneira tão especial profetizando junto a uma linda blusa branca. E ouvi o chamado Dele à santidade e pureza, caras como uma joia e límpidas como um cristal.

Conforme passávamos tempo juntos Ele me foi falando da maneira como eu havia sido formada. Me disse que era uma pedra preciosa diferente, uma mistura de diamante com esmeralda. E me disse: *"Por que fica tão zangada comigo como Eu te fiz? Me agradeça e me deixe continuar a lapidá-la"*

Estou certa que Ele marcou aquele encontro comigo ali, eu vi cura se manifestando em várias áreas da minha vida, vi seu bálsamo passando sobre mim, via no movimento do vento nas vides o aroma Dele se espalhar e me soprar, soprar em meu jardim particular espalhar a fragrância de seu fruto mais fino.

Sendo despertada por Ele

Ele me dizia para ouvir mais e falar menos, me deu a palavra de Efésios 5, que diz: *"Desperta, ó tu que dormes, e levanta-te dentre os mortos, e Cristo te esclarecerá." (Efésios 5:14)*. Ele me falou que aquela era uma palavra para todos, que precisamos despertar, deixa para trás as práticas pecaminosas, expor-se continuamente à luz de Cristo e manifestar Sua luz a esse mundo caído.

Aquele agora era tempo de cantar, de cantar continuamente cânticos espirituais e dar graças, pois aquelas provas eram para que avançasse, crescesse Nele não para me fazer lamentar. Eu era Dele, Ele era meu e cuidaria bem de mim.

Nesse momento me derramei e pedi perdão por muitos pecados. Logo depois chegou um senhor até mim, seu nome era Antônio, e ele me disse que todos estavam preocupados pois já havia passado várias horas. Não deixei passar aquela oportunidade e ali mesmo o apresentei o plano de salvação e Jesus inundou aquele coração.

Ele me disse que já trabalha nesses parreirais há quase 20 anos e foi me trazendo outras verdades sobre o cultivo, nas quais claramente eu ouvia Deus falar ainda mais ao meu coração. Sr. Antônio me explicou que é necessário tirar o excesso de folhas, para que venha o sol nos cachinhos de uva e eles possam se desenvolver adequadamente.

Também me mostrou cachos de uvas que estavam fracos, que precisavam de fosfato e cobre e que por isso estavam ficando com pequenas "manchinhas" e o Espírito Santo ministrou a meu coração que quando falta o adubo celestial o coração pode desenvolver essas mesmas marcas.

Por fim, me contou e mostrou algo muito curioso. Formiguinhas (que também podem ser comparadas as "raposinhas"), bem pequenas que usam como alimento "as bolinhas" que mais tardes se tornarão uvas. Elas são seres muito pequenos, quase invisíveis, e aparentemente até inofensivas, mas precisam ser monitoradas, pois em grande quantidade podem destruir todo o parreiral.

Enquanto falava do cultivo também abria seu coração, disse que se decepcionara com uma pessoa da igreja, que quase ficou impossibilitado de trabalhar por conta de um problema de coluna e outras coisas. Quando sua esposa se aproximou comprei suco, ganhei outro, orei com eles, trabalhei para o Senhor e fui profundamente trabalhada por Ele.

Depois desta experiência comprei os livros: "Segredo da Vinha" escrito por Bruce Wilkinson e "Segredo da Vinha para Mulheres" escrito por sua esposa Darlene Wilkinson onde continuo a aprender segredos maravilhosos. E em 2015 fui a Campos de Jordão no Acampamento Ebenézer onde com o Pr. Carlos Mac Cord em sua ministração PERMANECER baseada no em João 15 e no Livro "A Vida que Satisfaz", me trouxeram ainda mais revelação sobre o assunto.

Esse tem sido um assunto incrível que foi e ainda é muito marcante. Eu obedeci a uma direção que para alguns pode parecer insana, mas que me proporcionou um tempo maravilhoso com Deus, um entendimento sobre aquilo que eu estava vivendo no momento e os objetivos Dele no que viria adiante.

Que você também se renda a ter suas próprias experiências com Ele, não hesitando a obedecer a qualquer convite para estar a sós bebendo da sabedoria Dele e recebendo cura e direção para seus dias.

CAPÍTULO 15

UM CHAMADO ÀS NAÇÕES

Eu já havia compreendido que Deus estava fazendo uma grande obra em minha vida e de igual modo sabia que seu objetivo ia muito além de mim mesma, Ele estava me preparando para me gastar por Ele, seja como e quando fosse. Já havia experimentado um derramar de amor pelo perdido em vários momentos da minha caminhada, mas Ele tinha mais, muito mais.

Como já lhes contei, depois de um dos episódios mais difíceis da minha caminhada, participei do Congresso de Mulheres (Eu me Deixo Curar) e havia conhecido essa Agência Missionária no ano de 2012, através de pastoras que fazem parte da família MCM e no Curso Intensivo de Missões e Adoração que se realiza em Trindade-GO. Ali fiquei conhecendo dentre os programas que essa agência missionária e humanitária um que me chamou especial atenção.

Chamava-se "Meninas dos Olhos de Deus" e comprava e recolhia meninas vítimas da exploração sexual infantil em vários locais do mundo, dentre eles o Nepal. Eu sabia que precisava fazer algo a respeito, sentia em meu interior a necessidade de dizer sim a esse anseio de Deus de alguma forma.

Eu sempre ficava observando aquela logo rosada representando a face de uma criança asiática e minha bonequinha nepalesa e me perguntava: o que posso fazer por elas? Orava a Deus perguntando quando finalmente poderia manifestar o amor do Senhor por aquelas crianças.

Assim foram três anos, orando, contribuindo, até que em um Seminário de Dança Profética através da Pra Joana da Igreja Vida Nova de Goiânia, na Igreja onde congreguei por mais de dezoito anos, enquanto dançava para o Senhor com um véu comecei a passar bastante mal, eram enjoos, mal-estar, uma coisa muito estranha.

Eu obviamente pensei se tratar de algum desconforto, algo natural, mas aquilo persistiu por quinze dias. Até que ouvi a seguinte frase: Eu estou deixando você "grávida". Assustada perguntei ao Senhor se era algo pessoal ou para Sua Igreja. Ele me disse que era algo para a Igreja.

Mesmo com aquele mal-estar fui dirigindo com irmãs e pastores orar no monte. E na volta estava realmente parecendo muitas gestantes que tratei como cirurgiã dentista. Pedi a uma irmã, Natália, que fosse pernoitar em minha casa, que em virtude desse convite se tornou a companheira de gestação e nascimento deste desafiante Projeto de Deus.

Ela foi fazer um chá e eu deitada perguntei: "gestando o que, Pai?" E ele colocou Nepal em meu espírito. Imediatamente peguei os dois livros que havia comprado, que eram de autoria do Pastor Silvio Silva que coordena o projeto no Nepal, e disse a Natália: "Você vai comigo! ".

Ele me levou ao Nepal

E então, depois de muitos desafios para nós e para a Igreja local, principalmente na área financeira, Deus, através na época do coordenador do ministério de missões Pr. Fabiano e do nosso presidente Pr. Vanderley foi movendo os recursos.

Aquilo que não conseguimos em ofertas, veio por meio do trabalho realizando almoços nos domingos de Santa Ceia. A Igreja se mobilizou e principalmente intercedeu para que fôssemos. Assim, com as malas cheias de presentes, entre eles as toalhinhas confeccionadas pela irmã Ernizia e entendendo que era um tempo de servir ao Senhor, fomos ao Nepal.

Fomos a Katmandu para servir na área profissional como dentista e a Natália minha parceira, como auxiliar e intercessora, e com essa viagem nossos laços de amizade se fortaleceram. Recebi doações específicas dos próprios pastores Vanderley e Cristina, que são cirurgiões dentistas e de outras profissionais de Uberlândia.

Chegamos na capital do Nepal em Katmandu e fomos recepcionados de maneira carinhosa e acolhedora pelos líderes "tio Silvio e tia Rose" e algumas meninas líderes da ONG que nos receberam com uma faixa de boas-vindas já no aeroporto. E com todo cuidado fomos conduzidas à Casa de Hospedagem. Lá tudo era impecável e com mimos, alimentação da melhor qualidade oferecida pela irmã Joty. Nos apaixonamos, é claro, de imediato pelos "tios" Silvio e Rose e sua Grande família.

Depois dessa recepção calorosa, tivemos o privilégio de sermos convidadas ao casamento de uma das meninas que aconteceu no dia seguinte Também conhecemos dois irmãos: Lázaro e Anderson, que nos deram dicas e encorajamento e com quem tivemos o privilégio de muitos aprendizados pelas experiências que eles tiveram ali com os episódios dos terremotos.

Ali fizemos as triagens e usando das capacitações em Dentística, Odontopediatria, Periodontia e com conhecimentos em cirurgias menores, além da visão de prevenção e promoção em Saúde, atendemos em 32 dias, para Honra e Glória desse Deus e Pai Poderoso, 108 pessoas.

O consultório estava instalado numa sala dentro da escola e contamos com a colaboração imprescindível da amada Binda. Ficamos muito gratas pela confiança e pudemos abençoar aquelas meninas e meninos das Casas, líderes e até algumas crianças da própria comunidade que estudam naquela escola maravilhosa plantada ali para dar condições e um futuro diferenciado para essa próxima geração.

Foram dias incríveis, vimos a responsabilidade e a seriedade de todas as pessoas que estão coordenando toda essa grande e maravilhosa obra através do escritório base, trazendo oportunidades inclusive para trabalhos nas vilas espalhadas nas montanhas do Himalaia.

Agradeço todas as meninas e meninos dos Olhos de Deus nas pessoas da: Mamata, Selma, Gleiva, Eliza Ruchal, Marcia Tamang, Izabela Saanng com as quais tivemos oportunidade de aprender juntos sobre a cultura e o amor de Deus, nas reuniões e nas refeições compartilhadas.

Expresso também meus agradecimentos às líderes de cada Casa que nos receberam e com quem pudemos aprender sobre amor incondicional com responsabilidade. Casa 1 e 2- Loani e Gleiva; Casa 3- Shova Nepal; Casa 4- tia Grazi; casa 5- Angela Tamang e a tantas outras pessoas maravilhosas que encontramos ali.

Encaro essa experiência como um grande privilégio, uma oportunidade para abençoar tantas pessoas com a capacitação que Ele me deu. Seja você também responsivo ao chamado do Senhor e não se acovarde diante de distâncias, custos ou o que quer que seja apenas diga sim ao Senhor e Ele dará a estratégia, pois Dele é a Obra.

CAPÍTULO 16

EM OBRAS

Essas foram algumas das experiências que tive ao longo da minha caminhada com Deus, foram de muitos acertos, algumas frustrações, mas sempre muito aprendizado. Crescimento em Deus que alcancei buscando em fontes fidedignas, mas especialmente segredos que me foram confiados na solitude, nos meus diálogos profundos com Deus, onde recebi cura, identidade e propósito.

A caminhada com Cristo é uma jornada extensa, e por isso não se assuste de esse último capítulo ter como título: EM OBRAS. Pois essa é a essência do Evangelho: "Conhecer e prosseguir em conhecer ao Senhor" e assim tenho vivido, quanto mais conheço ao Senhor, mais percebo que preciso conhecê-Lo, me expor a Luz de sua Palavra e ser transformada de glória em glória.

Os últimos anos (2017 e 2018) foram de muito silêncio do Pai. Mas, tenho descoberto que o silêncio também fala, pois é o tempo do trabalhar de Deus em mim. E onde creio que o Espírito Santo retomou empenho é no controle do meu temperamento e moldando ainda mais o meu caráter.

Sei que Ele quer aprofundamentos nesses fundamentos, pois Ele iniciou algo no Reencontro com Deus em 2002 e a obra que ele começou há de ser completada.

E eis que Deus coloca uma serva experimentada e capacitada Ely Paschoalick, novamente em minha vida de maneira em que estamos aprendendo e trabalhando com vários aspectos concomitantemente da área emocional e espiritual.

Tivemos uma ministração que foi marcante sobre "Fruto do Espírito na liderança" na Igreja Batista Vida Nova de Uberlândia que se tornou um divisor em minha vida. E então, voltei a ler o livro "Ação da Cruz" do Pr. José Rodrigues dos quais extrai alguns fundamentos e que compartilhando-os quero terminar esse livro.

A ação da cruz em nós

Todos os dias, de uma forma ou de outra, manifestamos traços inconfundíveis de nosso caráter. Mesmo um comportamento aparentemente sem nenhum significado, pode, de maneira precisa descrever traços profundos de nosso interior. A este espetacular universo e traços e comportamentos, que nos distingue uns dos outros, damos o nome de caráter, que nada mais é que aquilo que somos no íntimo.

O lar é o alicerce do caráter e para garantir um alicerce sólido, a criança deve ser acompanhada por três procedimentos fundamentais: o exemplo, os hábitos e o ensino. Os exemplos e hábitos são procedimentos entrelaçados e os hábitos devem vir antes dos princípios. Os princípios só poderão ser transmitidos à criança através dos exemplos, visto que os pequeninos só aprendem por meio de imitação; daí a importância de bons exemplos no lar.

Definindo Importantes Conceitos

1- Temperamento

A maneira pela qual a alma humana se manifesta depende

do temperamento que cada um possui. O temperamento é uma condição natural que cada indivíduo traz do berço e o utilizamos na forma de manifestar-se na sociedade onde vivemos.

2- Talento

O talento é uma atribuição natural que as pessoas possuem para alguma coisa com particular habilidade. Todas as pessoas possuem algum tipo de talento.

3- Dom

Dom é a capacidade espiritual para exerceremos um determinado ministério na casa de Deus. Trata-se de uma capacidade sobrenatural, dada pelo Espírito Santo e que só pode ser dado após a conversão.

4- Caráter

Caráter não tem nenhuma ligação mediata com o que fazemos ou deixamos de fazer, mas está profundamente ligado ao que somos no íntimo. Deste modo, podemos simplesmente dizer que caráter é a essência do que somos. É a soma de todas as experiências e influências que recebemos desde a gestação.

5- Fruto do Espírito

É a transformação que o Espírito produz em nós a partir do novo nascimento. É após entrar na posse desse fruto que recebemos a restauração de nosso caráter. O fruto do Espírito abre portas para que os traços do caráter de Jesus sejam formados em nós. É também nesse processo que passamos a observar a ação da cruz.

Esses são conceitos constantes no material citado, sobre os quais tenho meditado.

Não menos importante, são as experiências que fui tendo na igreja local onde congreguei por mais de 18 anos, cultuando nosso Deus como membro do Corpo de Cristo em comunhão, cursos e seminários, orações, vigílias, discipulados e celebrações diversas.

Nestes momentos em adoração recebi visões e palavras que compartilhei com líderes e irmãos, como recebi palavras e visões à respeito de mim que foram fortalecimento para o crescimento que Deus espera que alcance, quanto também à respeito de irmãos e também da Igreja como o Corpo de Cristo que representa. Creio que cada um de nós nas igrejas que congregamos, somos desafiados recebendo os dons espirituais e ministério que Deus nos revela serem exercidos com excelência.

Creio que a postura de um cristão deve se pautar em sua identidade em Deus. Ele nos fez peregrinos e embaixadores de Cristo. No IDE recebemos a autoridade e o poder necessários para ser suas testemunhas tanto em Jerusalém como em toda Judéia, Samaria e até aos confins da Terra. (Atos 1:8)

Para onde iremos?

A ordem liberada é: fazei discípulos de todas as nações, batizando-os em Nome do Pai, e do Filho e do Espírito Santo; ensinando-os guardar todas as coisas que vos tenho ordenado. E eis que estou convosco todos os dias até a consumação dos séculos (Mateus 28:18).

Nosso maior diálogo virá face a Face com Deus quando Jesus nos ares for arrebatando Sua Igreja, a Noiva. Até lá nos cabe buscá-Lo com todo o coração, dedicando toda nossa vida a conhecê-Lo e fazê-Lo conhecido.

CONCLUSÃO

Espero ansiosamente que esse material tenha servido de inspiração e que por meio dos relatos de minhas vitórias e derrotas, mas especialmente dos momentos que pude ouvir a Deus, você tenha sido encorajado a uma busca ainda mais profunda pela face do Pai.

A Bíblia nos fala que houve aqueles que Jesus pôde chamar de servos e de igual modo houve os que pôde chamar de amigos. Que você possa ser conhecido como amigo de Deus e que seus momentos de solitude reverberem em amor por aqueles que estão perdidos.

Ouça a voz do Senhor o chamando para um novo nível de comunhão e entrega, que seu corpo, alma e espírito sejam restaurados pela presença reparadora do Senhor que o aguarda ansiosamente no lugar particular.

Tire os olhos de si mesmo e quiçá de seu sentimento de indignidade diante de Sua santa e luminosa presença, pois o véu que o separava da comunhão já foi roto e hoje o caminho está aberto.

Caso se encontre sem forças para ir até lá, apenas permita que o doce Espírito Santo o tome pela mão e o introduza pelas portas da comunhão. Você é bem-vindo (a)! você é filho(a)! Porque Jesus Tu És o centro do Evangelho.

POESIA

Diria eu "Bom dia!" para quem estava comigo, me ouvindo até adormecer?

Acordou-me na madrugada, fazendo-me lembrar de algumas pessoas ou situações.

Quando acordei, ao falar com Ele, logo o senti queimar em meu peito.

Sem perceber, falei com Ele o dia todo.

Agora, já é noite novamente e tenho a certeza de que estará comigo mais essa noite.

Se tive um dia difícil e não vi do meu lado pessoas que amava, havia uma certeza: Ele estava lá comigo.

Se tive um dia feliz e as pessoas ainda não estavam por perto, pude senti-Lo sorrindo e se alegrando comigo.

Tento encontrá-Lo dentro de mim e não consigo.

Agora, já não sei mais onde Ele termina e eu começo.

Amou e perdoou em situações que não conseguiria de mim mesma.

Agora, não posso mais ver a minha vida sem Ti.

Tento ficar brava contigo e não consigo, pois te amo acima de mim mesma.

Então, Espírito Santo!

É um presente ter a sua vida na minha vida todos os dias,

tardes, noites e madrugadas.

Você entendeu, querido?

Te amo muito. Valeu pelos livros!

Nilce Sousa

Livro "Mergulhando no Espírito Santo"

Série Águas Profundas, 2014, MCMPublicações

BIBLIOGRAFIA

BÍBLIA SAGRADA. Nova Versão Internacional. São Paulo: Sociedade Bíblica Internacional, 2017.

BÍBLIA SAGRADA. Pentecostal de Estudo. Rio de Janeiro: CPAD, 1997.

BÍBLIA SAGRADA. 2 Ed. Revista e Atualizada no Brasil. Tradução João Ferreira de Almeida. Barueri: Sociedade Bíblica do Brasil, 1993.

BÍBLIA SAGRADA. Nova Versão Transformadora. São Paulo: Editora Mundo Cristão, 2016.

BORGES, Marcos. *O Avivamento do Odre Novo: Almirante Tamandaré: Editora Jocum Brasil, 2007.*

BORGES, Marcos. *Raízes da Depressão (3 Ed.): Almirante Tamandaré: Editora Jocum Brasil, 2013.*

BORGES, Marcos. *Pastoreamento Inteligente: O Padrão do Aconselhamento Bíblico na Libertação (2 Ed.): Almirante Tamandaré: Editora Jocum Brasil, 2011.*

BEVERE, Jhon. *A Isca de Satanás (10 Ed.): Rio de Janeiro: EDILAN, 2009.*

BROWN, Rebecca. *Ele veio para Libertar os Cativos: Belo Horizonte: Editora Dynamus, 1992.*

FERREL, Ana Méndez. *Assentados nos Lugares Celestiais: Miami: Jordan River, 2014.*

MASTRAL, Daniel & Isabela. *Guerreiros da Luz- Vol. 1: Rio de Janeiro: Ágape, 2015.*

XAVIER, Arão. *Cadê a Vaca Gorda? Ed. 14: São Paulo: Ministério Prospere, 2009.*

SOUSA, Nilce. *Vida Cristã- Vol 1: Trindade: MCMPublicações, 2012.*

THOMPSON, Bruce & Barbara. *Paredes do Meu Coração- Ed. 1: Curitiba: Editora Betânia, 1994.*

GUARATTO, Flávio. *IDE às Nações- A Igreja Cumprindo seu Propósito:*

WILKINSON, Bruce. *Segredos da Vinha —Ed. 1: São Paulo: Editora Mundo Cristão, 2002.*

WILKINSON, Darlene. *Segredos da Vinha para Mulheres —Ed. 1: São Paulo: Editora Mundo Cristão, 2004.*

MCCORD, Carlos. *A Vida que Satisfaz: São Paulo: Permanecer, 2008.*

SILVA, Silvio. *Arando um Campo Novo: Trindade: MCMPublicações, 2010.*

RODRIGUES, José. *A Ação da Cruz: Trindade: MCMPublicações, 2006.*

www.ingramcontent.com/pod-product-compliance
Lightning Source LLC
Chambersburg PA
CBHW071200130726
47998CB00002B/559